KB121114

2022년 지방선거를 위한

당선 노하우

2022년 지방선거를 위한

당선 노하우

후보가 반드시 알아야 할
필승 선거 전략

강득구 · 양승오 지음

비타베아타

정창교 선배의
생각과 그 삶의 향기가
이 한 권의 책으로
오롯이 부활하기를

"가급적이면 나가지 마라." 출마를 앞둔 내게 청천벽력 같은 소리였다. 정창교 선배는 이렇게 말을 이어갔다. "왜 출마하려고 하는지 분명하게 말할 수 있어야 한다. 너 스스로, 네 가족부터 설득할 수 있어야 비로소 남을 설득할 수 있다." 막연했던 내 꿈에 확고한 가치관과 명분을 심어 줬던 귀한 충고였다. 선거를 앞두면 그때의 충고가 늘 좌표가 되었고, 매번 도전할 때마다 많이 의지했다.

나는 경기도의회 민주당 원내대표로 있을 때 도의원 교육 첫 강사로 늘 정창교 선배를 꼽았다. 선출직에 꼭 필요한 내용만 콕콕 집어서 들려주는 선배의 족집게 강의에 대부분 흡족해했다. 선거에서 패배

했던 경험을 책으로 쓴 경우는 본인이 유일하다고 늘 자부했다. 실패의 교훈을 거울로 삼았으니 더 주옥같은 선거 노하우였다.

출마 경험으로나 패배 경험으로 치면 내가 선배보다 훨씬 경험이 많다. 20대 때부터 정당 생활을 시작했고, 30대 중반 경기도의회 초선의원을 지냈다. 연이은 낙선의 시간도 충분히 의미 있는 시간이었다. 40대 후반에 경기도의회 재선, 삼선을 거쳐 경기도의회 의장을 지냈다. 20대 총선에서 컷오프의 아픔을 당했지만, 다시 경기도 연정부지사로 경험을 쌓고 21대 총선에서 국회의원이 되었다. 정치인으로서 파란만장한 시간을 보냈지만 정작 후배들을 위한 길잡이 역할은 말뿐이지 글로 남겨놓지 못했다.

언젠가는 정치와 선거 관련된 글을 쓰고 싶었다. 그런데 세상을 떠난 정창교 선배가 가장 아끼던 후배와 함께 이 책을 내게 되어서 정말 뜻깊고 여러모로 영광스럽게 생각한다. 정창교 선배는 또 이렇게 책을 통해 내 곁으로, 우리 곁으로 왔다.

정창교 선배는 학생운동과 노동운동을 했지만 그런 티를 거의 내지 않았다. 늘 걷거나 대중교통을 이용했고 소탈했으며 주어진 삶에 대해 늘 긍정적이었다. 선배는 그 긍정의 에너지를 다른 사람들에게 나눠주었다. 정치인은 늘 꿈을 키워가기 위해 긴장 상태인데 이러한 긴장을 금세 녹여내는 특별한 비법이 있었다. 그래서 어려운 판단을 내려야 할 때마다 선배를 찾곤 했다. 관악역 앞 순댓국집은 우리의 단골 가게였고, 뜨거운 국밥보다 더 따뜻한 우애를 나눴다.

돌아보니 정창교 선배를 통해서 배운 것이 참 많다. 정치하는 사람의 모습이 어때야 하는지, 정치하는 사람의 색깔이 어때야 하는지, 정치하는 사람의 마음이 어때야 하는지…. 나는 물론이고 후배들이 배워야 하고 배우고 싶어 할 정창교 선배의 생각, 그 삶의 향기가 이 한 권의 책으로 오롯이 부활했으면 좋겠다.

2021년 11월
여의도에서 강득구

데이터 선거는
당선으로 가는 길

내가 처음으로 참여했던 선거 캠페인은 2001년 서울특별시장 선거였다. 대학원에서 학위논문을 막 끝냈던 시기라 조사방법을 엄밀하게 따르고 그 결과에 따라 대안 제시가 필요하다는 연구자의 자의식이 강했다. 내가 선거캠프에서 맡은 업무는 당시 메인 캠페인 이벤트였던 후보자 TV방송토론회를 모니터하고 전략기획을 짜는 일이었다. 토론회는 매번 늦은 밤에 진행되었고, 분석 결과를 다음 날 아침 선대본부장회의에서 논의할 수 있도록 정리해야만 했다.

TV방송토론이 종료되면 밤12시가 넘었다. 어떻게 조사를 할 수 있을까 고민을 거듭하다가 정량적 조사보다 정성적 조사 방식을 선택했다. 조사 대상자를 연령과 성별로 나누어 사전에 섭외하는 패널 조사 방식을 취했다. 20여 명의 패널을 골고루 섭외하고 방송이 끝나면 곧바로 준비된 내용으로 방송시청 소감을 조사했다. 그리고 내용을 종합해 다음 날 아침 선거대책회의에 조사결과와 커뮤니케이션 전략 방안을 제시했다.

지금 생각해보면 서툴렀던 방식이지만, 정치여론조사라는 방식이 낯선 시절이었기에 회의 참석자들은 객관적 조사 방식에 따른 결과와 제언에 대해 만족스러워했다. 당시 선거 캠페인에서는 데이터보다 경험을 통한 통찰력을 중시하던 시기였다. 그래서 데이터를 기반으로 과학적 분석, 그에 따른 전략적 판단이 나름 신선했던 것 같다.

실상 한국 정치에서 데이터 선거는 쉽게 확산되지 않았다. 2004년 17대 국회의원 총선시기부터 자동응답시스템ARS 조사가 확산되면서 여론조사가 보편화되었다. 비용적인 면에서도 1번의 전화면접조사 비용으로 4~5번의 ARS조사가 가능해졌다.

노무현 후보의 국민참여경선 성공에 힘입어 국민경선이 국회의원 공천에도 반영된 것 역시 큰 영향을 주었다. 국회의원 후보를 선출하는 경선에서 당원 또는 선거인단 여론조사가 도입되었기 때문이다. 이 과정에서 경선 후보자들은 여론의 흐름을 파악하는 것이 중요하다는 것을 다시 한번 인식하게 되면서 데이터의 중요성을 되돌아보는 계기가 되었다.

선거 전략의 기본은 유권자의 마음을 이해하고 그 마음을 얻고자 하는 것이다. 즉, 유권자가 원하는 것이 무엇인지 파악해 공약으로 만들어 홍보하고, 유권자들이 투표소까지 가서 투표를 하도록 하는 과정이라고 할 수 있다. 그런데 여론조사는 유권자의 마음을 파악하는 도구로 사용될 뿐, 캠페인과 연결되지 못하는 아쉬움이 항상 있었다. 여론조사는 집단의 투표경향은 파악할 수 있으나 구체적인 유권자 개개인의 마음을 확인할 수 없기 때문이다.

공직선거법에서는 후보자가 가가호호 방문해 유권자를 만나는 것을 제한하고 있다. 선거운동기간도 13일로 제한되어 있어서 많은 후보자들이 동시다발적으로 캠페인을 전개하고 있어서 좀처럼 차별화된 선거운동을 보여주기 어려운 구조다. 그런 환경에서 여론조사 결과에서 나온 데이터를 활용해 유권자를 직접 설득할 수 있는 방법을 찾기는 좀처럼 쉽지 않다. 그렇기 때문에 여론조사는 대부분 유권자 인식이나 판세조사로 끝나고 구체적인 캠페인 과정에서는 활용되지 못한다.

그러나 선거 캠페인 과정에서 데이터 선거는 매우 중요하며 이 책을 통해 출마를 준비하는 후보들에게 데이터 선거의 중요성과 활용법을 다시 한번 강조하고자 한다.

내가 출마를 준비하는 후보들에게 데이터 선거를 강조하는 데는 크게 두 가지 이유가 있다.

첫째는 선거목표를 데이터 기반으로 수립하면 캠페인 성과를 측정할 수 있다. 대부분 후보들은 선거를 준비할 때 자신이 90% 이상의 압도적인 지지로 당선할 수 있다고 호언장담한다. 그러다가 정작 개표가 진행되면 개표방송의 1표 차이에도 일희일비하게 된다. 데이터 선거의 첫 걸음은 나의 목표를 데이터로 분명히 수립하고 그에 기준하여 캠페인 성과를 측정하는 것이다.

먼저 자신의 선거구 이전 투표율과 당선 득표 수 등을 파악하고 향후 예측되는 투표율, 당선 득표 수 목표를 수치로 정해야 한다. 그리고 그 목표에 따른 선거 전략을 수립하고 캠페인이 잘 되고 있는지 판단의 근거로 데이터를 확인해보면 된다. 기준 없이 선거를 치르는 것은 지도 없이 망망대해로 항해를 떠나는 것과 같다.

둘째는 지지자들의 성향을 구체적으로 파악해서 데이터화하면 누구에게 투표 독려활동을 해야 하는지 조직 활동의 근거를 마련할 수 있다. 온라인과 오프라인에서 수많은 지인들을 소개받고 데이터를 가지고 있지만, 정작 그 사람들이 나를 지지하는지 확인하지 않고, 그중 지지자가 투표장에 갔는지 확인하는 것을 게을리한다면 결코 승리할 수 없다. 내가 아는 유권자정보, 동네지인이 아는 유권자정보, 전화홍보를 통해 확인된 유권자정보를 하나로 엮어서 종합적인 판단을 할 수 있어야 한다. 최종적으로 지지, 유보, 비지지 인지를 파악하는 것이 중요하다.

내가 선거 캠페인을 처음 시작할 때부터 나의 멘토는 여의도의 '무모한 링컨' 정창교 선배였다. 머리숱이 적을 뿐만 아니라 마른 얼굴형이 링컨을 빼닮아 '무모無毛'하다 했고, 또 다른 면에서는 민주당 국민참여경선 등 기발한 아이디어를 거침없이 제안해서 '무모無謀'하다고 했다. 당시 정창교 형님은 새천년민주당의 정세분석국장으로 여당의 선거 전략을 이끌어 나갔다.

젊은 청년의 서슴없는 제언에 언제나 따뜻하게 격려해주었고, 나의 설익은 아이디어도 잘 익은 과실로 만들어서 과감하게 추진해주었다. 창교 형이 인천지역의 국회의원으로 첫 출마 준비를 하실 때, 블로그에 매일 일기를 쓰시라고 나는 권했다. 전날 술을 마시고 피곤한 표정으로 출근해도 일기를 썼는지 확인하면 웃으면서 '숙제는 했다'라고 답변하던 분이다. 국내 처음으로 모바일 경선투표를 제안하고 도입하는 과정에서도 최초 기획자인 나를 보호하기 위해 당의 징계도 나대신 홀로 감당하신 분이었다. 정치적 스승으로 만나 형과 동생으로 그리고 새로운 정치를 꿈꾸는 동지로 15년이 넘는 세월동안 여의도 정치 생활을 함께했다.

어느 겨울, 단 둘이 캠핑을 떠났다. 눈이 내리는 밤 소주를 기울이면서 그동안 함께했던 많은 선후배들을 떠올렸다. 그러나 그중에 유일하게 내가 형의 곁에서 함께하고 있다는 것에 대해 창교 형은 고맙다는 말을 건넸다. 나는 오히려 창교 형이 나와 함께해주어서 내가 생각한 발칙한 상상과 도전을 이어갈 수 있었다고 말했다. 항상 새로운 아이디어가 생기면 늦은 밤에도 함께 나누던 그 시절이 그립다.

이제 하늘에 있는 정창교 선배의 뜻이 담긴 책《당선 노하우 99%》 개정 작업을 통해 다시 세상에 내놓을 수 있어서 기쁘다.《당선 노하우 99%》 개정을 함께하자고 처음 제안해 주신 강득구 의원님께도 감사드린다. 아마도 강득구 의원님의 격려가 없었다면 책 작업을 끝내지 못했을 것이다.《당선 노하우 99%》 개정판의 자료정리 도움을 준 강득구 의원실의 홍미하 비서관님, 경기도 안양의 청년 정치지망생 채진기 후배님에게도 감사 인사를 남긴다. 지금까지 지켜봐 주신 어머니와 가족들에게도 짧은 글로 사랑하고 감사한다는 마음을 전한다.

2021년 11월
여의도에서 양승오

풍부한 아이디어와 추진력으로 지방정치 혁신을 이끈 정창교 선배님을 생각하며

채현일(서울 영등포구청장)

"선거도 과학이다"라는 명제로 정치 입문자의 필독서로 자리 잡은《당선 노하우 99%》개정판 출간을 진심으로 축하드립니다. 존경하는 고故 정창교 선배님의 정치 철학과 가치가 오롯이 담긴 이 책이 강득구 국회의원과 양승오 국장을 통해 한 단계 업그레이드되어 수많은 정치 후배들에게 전해질 수 있게 되어 매우 뜻깊게 생각합니다.

저에게 있어 정창교 선배님은 대학 선배를 넘어 존경하는 정치 선배로서 인생 멘토이자 큰형님이었습니다. 그분이 안 계셨다면 지금의 저도 없었을 것입니다. 다시금 선배님을 생각하니 함께 울고 웃었던 아련한 추억들로 가슴이 먹먹해집니다.

정창교 선배님은 풍부한 아이디어와 강력한 추진력으로 오늘날 지방정치의 혁신을 이끌어냈습니다. 특히 20여 년에 걸쳐 대선, 총선, 지선 등 수많은 선거를 기획·조직하며 체득한 생생한 경험과 혜안을《당선 노하우 99%》에 집대성하였습니다. 정치 컨설턴트의 시대를 열었다 해도 과언이 아닐 것입니다. 2018년 6·13 지방선거에서 현실 정치에 입문하던 제가 어려운 고비를 맞을 때마다 선배님은 명쾌한 해법과 위기를 이겨낼 힘을 주었고, 선배님의 책은 선거를 치르는 데 좋은 길잡이가 되었습니다.

내년 2022년에는 사상 처음으로 대통령 선거와 지방선거가 같은 해에 열립니다. 출마를 앞두거나 선거를 치를 많은 정치 후보자들에게 이 책이 시행착오를 줄이고, 본인의 장점과 정체성을 극대화할 수 있는 든든한 지침서가 되기를 기대합니다.

더 나은 세상을 만들기 위해 고군분투하는 정치 신인 여러분의 당당한 도전을 응원하며, 이제는 세상에 안 계신 선배님에게 깊은 추모와 존경의 마음을 바칩니다.

관악의 스티브 잡스, 정창교 선배님을 기억합니다

박승원(경기 광명시장)

관악구 정책실장 시절 풍부한 아이디어로 행정을 이끌던 정창교 선배
님을 기억합니다. 관악의 스티브 잡스로 불리며 혁신을 만든 선배님의
수많은 아이디어에 감탄하곤 했습니다. 선배님은 공무원답지 않은 신
선한 발상으로 인문학 도시 관악, 도서관구 관악, 매니페스토 실천구 관
악의 명성을 만든 일등공신이었습니다.

　번뜩이는 아이디어는 선거에도 발휘되어 예비 출마자들 사이에
서 선배님은 '선거 선생님'으로 불렸습니다. 직접 겪은 생생한 선거 경
험이 바탕이 된 선거 노하우로 막막한 정치 새내기들에게 큰 힘이 되
어주셨지요.

　이 책이 많은 출마 예정자들의 선거운동 길잡이가 되어줄 것이라
기대합니다. 일반적인 이론전략서와 달리 실제 선거에 바로 적용할 수
있는 다양한 사례와 예시로 쓰여 선거의 시작부터 끝까지 많은 도움이
될 것입니다. 정창교 선배님의 정치 철학을 기억하고 공유할 수 있도록
책의 개정과 발간 과정에 힘써주신 모든 분께 감사드립니다. 무엇보다
정치 후배들을 위해 수많은 노하우를 남겨주신 고故 정창교 선배님에게
깊은 감사의 말씀을 드립니다.

차례

Part 01 선거 준비 단계

Part 03 본 선거 단계

Part 04 온라인 선거 캠페인

2022년 전국지방선거 선거사무일정

시행 일정	요일	실시 사항
'22. 1. 15.까지	토	인구수 등의 통보
1. 22.까지	토	선거비용제한액 공고·통지 예비후보자홍보물 발송수량 공고
2. 1.부터	화	**예비후보자 등록 신청 [시·도지사 및 교육감선거]**
2. 18.부터	금	**예비후보자 등록 신청 [시·도의원, 구·시의원 및 장의 선거]**
3. 3.까지	목	❶각급선관위 위원, 예비군 중대장급 이상의 간부, 주민자치위원, 통·리·반의 장이 선거사무관계자 등이 되고자 하는 때 그 직의 사직 ❷입후보 제한을 받는 자의 사직
3. 3.부터 6. 1.까지	목 수	의정활동 보고 금지
3. 20.부터	일	**예비후보자 등록 신청 [군의원 및 장의 선거]**
4. 2.부터 6. 1.까지	토 수	지방자치단체장의 선거에 영향을 미치는 행위 금지
5. 10.부터 5. 14.까지	화 토	❶선거인명부 작성 ❷거소투표신고 및 거소투표신고인 명부 작성 ❸군인 등 선거공보 발송신청
5. 12.부터 5. 13.까지	목 금	**후보자 등록 신청 (매일 오전9시 ~ 오후6시)**
5. 18.까지	수	선거벽보 제출
5. 19.	목	**선거기간개시일**
5. 19.부터 5. 31.까지	목 화	선거방송토론위원회 주관 대담·토론회 개최
5. 20.까지	금	❶선거공보 제출 ❷선거벽보 첩부
5. 20.에	금	선거인명부 확정
5. 22.까지	일	❶투표소의 명칭과 소재지 공고 ❷거소투표용지 발송 (선거공보, 안내문 동봉) ❸투표안내문(선거공보 동
5. 27.부터 5. 28.까지	금 토	**사전투표 (매일 오전 6시 ~ 오후 6시)**
6. 1.	수	**❶투표 (오전 6시 ~ 오후 6시) ❷개표 (투표종료 후 즉시)**
6. 13.까지	월	선거비용 보전청구
7. 31.이내	일	선거비용 보전

기준일	관계 법조
인구의 기준일(예비후보자 등록신청개시일이 속하는 달의 전전달 말일) 후 15일까지	법§4, §60의2① 규§2①②, §118①
예비후보자 등록개시일 전 10일까지	규§51①② 규§26의2③
선거일 전 120일부터	법§60의2①
선거기간개시일 전 90일부터	법§60의2①
❶선거일 전 90일까지 ❷선거일 전 90일까지[비례대표지방의원 선거에 입후보하는 경우 선거일 전 30일 : 5.2(월)]	법§60②
선거일 전 90일부터 선거일까지	법§53①②
선거기간개시일 전 60일부터	법§111
선거일 전 60일부터 선거일까지	법§60의2①
❶❷❸ 선거일 전 22일부터 5일 이내	❶법§37, 규§10 ❷법§38, 규§11 ❸법§65⑤
선거일 전 20일부터 2일간	법§49 규§20
후보자 등록마감일 후 5일까지	법§64② 규§29④
후보자 등록마감일 후 6일	법§33③
선거운동기간중	법§82의2
❶후보자 등록마감일 후 7일까지 ❷제출마감일 후 2일까지	❶ 법§65⑥ 규§30⑤ ❷법§64② 규칙§29②⑤
선거일 전 12일에	법§44①
❶선거일 전 10일까지 ❷선거일 전 10일까지 ❸선거인명부확정 일 후 2일까지	❶법§147⑧ ❷법§65⑥, 154①⑤, 규§77 ❸법§65⑥,153①, 규§76
선거일 전 5일부터 2일간	법§155②, §158
선거일	❶법 제10장 ❷법 제11장
선거일 후 10일까지(기간의 말일이 토요일 또는 공휴일인 때에는 그 익일)	법§122의2①,민법§161 규§51의3①
선거일 후 60일 이내	법§4, §60의2① 규§2①②, §118①

Part 01

선거 준비 단계

출마 준비는 일찍
시작하는 것이 좋다

"선거 캠페인 기획에 너무 이른 시작은 없다. 일찍 기획하면 여론조사를 하고 분석할 시간적 여유가 생기며, 상대 후보를 면밀히 연구하고 다양한 전략을 논의하고 최고의 전문가들을 선발할 수 있으며, 후보자가 정신적으로 무장할 수 있다. 늦게 시작했다고 해서, 해야 하는 일이 줄어드는 것은 결코 아니다. 다만 준비할 시간이 줄어들 뿐이다."

미국 정치컨설턴트의 아버지라 불리는 조셉 나폴리탄의 충고다.

선거 캠페인을 시작할 때, 출마 여부를 저울질하다가 준비를 제대로 못하고 뒤늦게 선거에 뛰어드는 경우가 많다. 사전준비가 부족하고 계획을 치밀하게 세우지 못한 상태에서 막상 선거운동이 시작되면

우왕좌왕하게 된다. 선거 캠페인은 후보자 혼자 진행하는 것이 아니다. 선거사무원, 자원봉사자, 지지자 등 많은 사람이 함께 움직이기 때문에 사전에 전략 수립, 일정 등의 계획을 꼼꼼하게 세워야만 효율적인 캠페인을 할 수 있다. 우리나라는 선거운동의 기간도 제한적이고, 선거비용도 제한적이다. 그렇기 때문에 사전 계획을 잘 수립해야 정해진 인력, 기간, 비용 안에서 효과적인 결과를 도출할 수 있다.

공직선거법을 보면, 선거운동 기간은 선거 준비 단계, 예비후보자 단계, 본선거 단계로 크게 구분해볼 수 있다. 선거 준비 단계에서는 온라인 등 제한적인 범위에서 자신을 알릴 수 있고, 선거사무소 마련 등의 선거운동에 필요한 계획수립과 준비를 할 수 있다. 예비후보자 단계에서는 선관위에 후보자 등록을 하고 선거사무소 개소, 명함 배부 등 제한적으로 선거운동을 시작하게 된다. 대통령선거는 선거일 전 240일, 지역구국회의원선거 및 시·도지사선거는 선거일 전 120일, 지역구 시·도의회의원선거, 자치구·시의 지역구의회의원 및 장의 선거는 선거기간개시일 전 90일, 군의 지역구의회의원 및 장의 선거는 선거기간개시일 전 60일부터 예비후보자로 등록할 수 있다. 그리고 본선거 단계에서는 후보자 등록을 하고 13일간의 본격적인 선거운동을 하게 된다.

미국은 별도의 선거운동 기간이 제한되어 있지 않다. 그러나 우리는 선거마다 선거운동을 할 수 있는 시기와 방법이 정해져 있다는 점을 잘 알고 있어야 한다. 내가 어떤 선거에 출마할 것인가를 우선 정해야 한다. 그러면 예비후보자를 등록해서 선거 캠페인을 할 것인지, 아니면

선거별 예비후보자 등록기간

선거의 종류	예비후보자 등록기간
대통령선거	선거일 전 240일
지역구국회의원선거 및 시/도지사선거	선거일 전 120일
지역구시/도의회의원선거와	선거기간 개시일 전 90일
지치구/시의 지역구의회의원 및 장의 선거	
군의 지역구의회의원 및 장의 선거	선거기간 개시일 전 60일

바로 본선거를 준비할 것인지를 정해야 한다. 즉, 모든 후보자가 예비후보자 단계를 거칠 필요는 없다. 이를테면 현직 의원이거나 단체장의 경우는 예비후보자 단계가 불필요할 수도 있고, 등록 시점을 늦추어 선거운동을 시작하는 전략적 선택을 할 수도 있다.

출마를 위한 사전 준비의 7가지 원칙

처음 선거를 결심한 후보자는 언제부터 준비해야 할까? 출마를 위한 준비는 법적으로 제한이 없다. 조셉 나폴리탄의 충고처럼 출마를 위한 준비는 일찍 하는 것이 좋다. 준비과정에서 지역에 필요한 정책을 만들 수 있고 제한적으로 사람들을 만날 수 있으니 준비는 일찍 하는 것이 좋다. 준비를 일찍 시작할수록 선거 캠페인을 성공적으로 이끌 수 있는 가능성이 커진다.

하지만 준비 단계에서 후보자에 대한 지지와 호소를 하는 선거운동에 이르게 된다면 공직선거법상 사전선거운동에 해당될 수 있다는 점을 주의해야 한다. 출마를 위해서 사전에 준비해야 할 사항은 다음과 같다.

첫째, 어떤 선거를 준비할 것인지 정해야 한다. 기초의회의원선거를 준비할 것인지, 단체장선거를 준비할 것인지, 광역의회의원선거를 준비할 것인지, 국회의원선거를 준비할 것인지 등을 우선 결정해야 한다. 출마할 선거의 내용에 따라 시기, 비용, 선거운동방법 등이 다르기 때문이다.

둘째, 정당 후보가 될 것인지, 무소속 후보로 출마할 것인지도 고민해야 한다. 정당 후보로 출마할 경우에는 현재 경쟁상대가 있는지, 해당 정당의 공천 기준에 내 경력이 부합하는지 여부 등을 고려해야 한다. 최근에 정당의 공천 후보자들에 대한 심사과정에서 윤리적 잣대가 매우 엄격해지고 있다. 음주운전, 성폭력 등 범죄사실이 있는 경우 소명을 하면 가능하기도 하지만, 어떤 경우에는 해당 사실 자체로 공천 대상에서 배제될 수도 있으니 정당의 공천 기준도 잘 살펴봐야 한다.

정당 후보인 경우, 반드시 자신의 당적을 확인해야 한다. 무소속 출마자인 경우, 기존 정당을 탈당해야 한다. 자신도 모르게 2개 이상의 정당 가입이 되어 있는 경우도 많다. '이중당적'을 가진 후보자인 경우, 선관위에 후보자 등록이 불가능하다는 점을 인지하고 사전에 당적을 정리해야 한다. 탈당을 해야 하는 정당에 당적 문의를 하고 탈당서류를 한 번 더 제출하고 서류 제출한 사실을 증빙하는 내용증명 우편을 발송하는 것도 필요하다.

코로나 경제위기
누가 필요합니까?

■하버드 케네디스쿨 국제개발학 석사
■옥스포드대 국제개발학 박사
■세계은행 선임이코노미스트
■삼성전자 네트워크사업부 수출업무담당
■민주당 영입인재 9호

국제경제전문가
1 최지은
더불어민주당

최지은 후보. (출처: 선거정보도서관)

2020년 4·15 총선에서 부산 북강서을에 출마한 더불어민주당 최지은 후보의 사례는 출마 전에 당적 확인을 반드시 해야 하는 이유를 잘 보여준다. 부산 강서구선거관리위원회에 후보등록을 한 최 후보에게 선관위에서는 후보등록 마감 전날에 최 후보가 미래통합당 당적을 보유한 사실을 통보했다. 이중당적의 경우는 등록 무효사유에 해당된다. 선관위에 따르면 최지은 후보는 2010년 2월 미래통합당의 전신인 한나라당에 입당한 기록이 남아 있었다. 최 후보는 선관위 측에 본인이 2020년에는 해외에서 근무하고 있었고, 당원 가입 사실이 없다고 밝혔지만 어쨌든 미래통합당에 탈당계를 제출하고 나서야 등록 신청을 완료할 수 있었다.

셋째, 함께할 수 있는 사람을 찾아야 한다. 선거사무장, 기획참모, 회계나 조직 등의 업무 담당자를 결정해야 한다. 특히, 선거과정에서 모든 것을 맡길 수 있는 참모 또는 동지 한 명을 정하는 것이 중요하다. 가까운 가족, 친구 등 후보자 자신을 잘 아는 사람으로 정해야 한다. 이 참모는 후보자 내부 속사정을 잘 알고, 후보자의 상황을 한 걸음 떨어져서 객관적으로 볼 수 있어야 한다. 선거 캠프 내부의 실무자들에게 잔소리하는 참모가 아니라 오히려 후보자에게 거짓 없이 조언하고 잔소리할 수 있는 바로 그런 한 사람이 필요하다. 물론 후보자의 고통과 고민도 함께 어루만져 줘야 한다. 후보자가 힘든 내색을 하고 짜증을 내면 캠프 자체가 흔들릴 수 있다. 그런 면에서 속 터놓고 얘기 들어줄 친구가 캠프 안에 있어야 한다.

넷째, 선거사무소를 어디에 구해야 할 것인지 일찍 찾아두어야 한다. 보통 선거사무소로 사용할 수 있는 건물은 많지 않다. 사람들의 왕래가 많아 노출효과가 좋아야 하고, 사람들이 찾아오기 쉬워야 한다. 몇 년씩 사용하는 장기임대가 아니고 짧게 단기로 사용하기 때문에 건물주 입장에서 선거사무소 임대는 반갑지 않다. 그렇기 때문에 여유를 갖고 사무실을 물색하고, 선거운동 기간 이전에는 선거 준비 사무실로 사용해도 된다.

다섯째, 자금 계획을 사전에 면밀하게 짜두어야 한다. 본인의 자산을 처분해야 할지, 대출을 받아야 할지 등의 계획을 수립하는 것이 좋다. 선거를 하다 보면 예상하지 못한 일들이 발생하고 그에 따른 비용이 늘어난다. 그렇기 때문에 자금 지출 원칙을 분명히 하고 철저히 관리함으로써 불필요한 비용 지출을 차단할 수 있다. 선거 캠페인에 지출하는 비용은 상대적으로 비싼 편이다. 평소 구매처 정보도 미리 수집해놔야 품질과 비용을 비교해 좋은 제품을 선택할 수 있다. 그렇지 않으면 판단 기준 없이 비용을 과다 지출하게 된다.

예를 들면, 선거기획사에서 일괄로 선거운동원 티셔츠만 구매했는데, 선거운동원이 춥다고 호소해 다시 선거운동원 점퍼를 구매하느라 지출이 늘어나는 경우가 있다. 선거운동 기간이 추운 계절임을 감안했다면 이런 이중 지출은 피할 수 있었다. 정당에서 일괄로 업체를 선정해 저렴하게 구매할 수 있는 공동구매도 추진하니 사전에 정보를 수집하여 최선의 선택이 되도록 한다.

여섯째, 학력이나 전문성을 고려한 후보자 경력 준비도 필요하다. 자신이 출마하고자 하는 지역의 특성, 정책 방향 등을 고려해서 전문성을 갖추면 후보자의 인물 경쟁력을 높일 수 있다. 필요하면 대학원을 진학해 관련 학위를 취득하는 것도 좋다. 또는 지역에서 전문 연구소나 단체를 만들어 활동하고 전문가로서 인정받는 것도 좋은 방법이다.

서울 관악구청장에 출마해 재선에 성공한 유종필 구청장은 민주당 대변인 출신의 정당인 경력을 가지고 있지만, 처음 출마했을 때는 국회도서관장 경력을 강조했다. 그리고 초선 구청장을 지내면서 관악구의 '지식문화복지' 공약을 내세워 작은도서관을 40여 개 설치하고 운영했다.

유종필 관악구청장 후보. (출처: 선거정보도서관)

　　일곱째, 체력과 개인 이미지 등의 외적 호감도를 높이는 방안도 일찍 준비해야 한다. 필요하면 동네 조기축구회나 산악회 등에 가입하여 활동하면 좋다. 선거에 임박해서 활동하면 회원들이 좋지 않게 보는 경우가 많다. 필요하면 미용시술 등을 통해서 좋은 인상을 만드는 것도 방법이다.

후보자의 출마 이유
정리하기

후보자가 출마 결심을 하고 주위의 가족, 친구, 선후배 등을 만나서 자신의 생각을 말한다. 그러면 여러 사람들이 출마 준비하겠다는 당사자에게 묻게 된다. "왜 출마해요?"

이 질문에 대해서 대부분의 후보는 당황해 중언부언하거나 장황하게 일장언설을 하게 된다. 이렇듯 출마를 준비하기 위한 첫걸음은 후보가 되겠다는 자신의 준비로부터 시작된다. 최종적으로 출마를 결심하기 전에 자신에게 스스로 질문하고 출마 이유를 정리해야 한다.

"출마하고 싶은 이유가 무엇인가?"

"당선되면 하고 싶은 일은 무엇인가?"

"선거운동을 하는 데 충분한 시간을 낼 수 있는가?"

"출마 시기는 적절한가?"

"승산이 있는 선거인가?"

"패배하더라도 감수할 수 있는가?"

"충분한 자금은 가지고 있는가?"

이런 질문에 막힘없이 대답할 수 있다면 최종적인 출마 결심은 된 셈이다. 스스로 출마할 준비가 되었다고 판단된다면 과감하게 선거 출마를 하면 된다. 스스로 생각해서 그렇지 않다고 판단되거나 자신이 없다고 생각되면 다른 출마자에게 양보하고 그를 돕는 것이 현명하다.

이런 생각은 혼자 정리하고 주변의 가까운 친구나 참모와 함께 논의해야 좋은 판단을 할 수 있다. 먼저 스스로 판단하고 정리해서 친구나 참모와 함께 논의해본다. 선거를 준비하면 자기 생각에 과몰입되는 경우가 많다. 자신의 판단이나 이유가 모든 사람에게 공감을 줄 것이라 생각하지만 "나만 그렇게 생각"하고 다른 사람들에게 전혀 공감을 얻지 못하는 경우도 많기 때문이다.

후보자를 위한 백문백답

1. 신상 관련

• 성장과정, 고향에 대한 기억, 존경하는 선생님

• 첫사랑의 추억, 부인과의 연애 에피소드

• 학창시절이나 군복무 당시 기억에 남는 일, 부모님에 대한 기억

- 자녀 정보, 아이들 키우는 데 힘든 일, 가정 경제에 관한 것
- 취미나 특기, 교우관계, 이웃과의 친분
- 건강 관리법
- 직업과 주요 사회 활동 사항
- 주요 재산 내역

2. 지역과 정치에 대한 견해 관련

- 지역 현안 및 해결 방안, 지역 발전 비전
- 지역 내 계층별, 분야별 정책에 대한 생각(청소년, 일자리, 교육문제, 지역 경제 활성화, 노인·여성·육아·장애인 대책)
- 지역 봉사활동 경력과 복지 문제에 대한 소신
- 정치 철학
- 소속 정당의 정책, 정체성 등에 대한 견해
- 존경하는 정치인과 그 이유
- 민의 수렴과 소통 방법

3. 조직 기반 관련

- 고향 및 향우회 등 지연 관련한 활동과 내부적 지지 여부
- 향우회를 제외한 지역 내 활동하는 단체와 지지 여부
- 종교단체 활동 등
- 그 외에 가입해 활동 중인 곳

선거 준비 단계에서 선거운동에 해당되지 않는 행위

☑ 1. 선거에 관한 자신의 단순한 의견 발표와 의사 표시를 하는 행위
- 공직선거 및 당내 경선에 관하여 입후보 예정자나 제3자가 자신의 견해나 전망 및 자신의 진로 등을 개진하는 것은 무방함

☑ 2. 각 당의 후보 공천자에 대한 지지, 반대 의견을 말하거나 의사 표시를 하는 행위

☑ 3. 입후보와 선거운동을 하기 위해 필요한 준비를 하는 행위
- 입후보를 하기 위해서 무소속 출마자의 경우 추천장을 받는 행위
- 가까이에서 선거운동을 도와줄 사람들을 섭외하는 행위
- 사무실을 물색하고 계약하는 행위
- 출마를 준비하기 위해 후보자가 활동하는 행위
- 선거운동을 도와줄 사람들을 교육하거나 업무 분장하는 행위
- 예비후보자 홍보물, 경선후보자 홍보물, 법정 선거 홍보물 등 선전물의 사전 제작 및 준비 행위
- 연설 원고, 자서전, 매니페스토 등의 집필을 의뢰하는 행위
- 선거구 내에 거주하는 친척, 친지의 집을 방문하여 자신의 출마 의지를 표시하는 행위

☑ 4. 통상적으로 하는 정당 활동
- 소속 당원을 대상으로 하는 당원 교육, 연수, 집회 활동
- 당원 배가운동 등 정당의 당세 확장을 위한 조직 활동
- 정책의 보급, 선전을 위한 당보를 발간하고 강연회를 개최하는 활동

☑ 5. 의례적 사교적 행위
- 평소 지면이나 친교가 있는 자에 한해 문자메시지를 발송하는 행위
- 입후보 예정자가 의례적, 사교적 행위로서 공적, 사교적인 사회적 지위에 따라 행사에 초대받아 참석하거나 관계있는 기념행사에 참석하여 축사하는 행위

☑ 6. 통상적으로 수행하는 직무상, 업무상의 행위
- 국회의원, 지방의원, 자치단체장, 기타 공무원 등이 그 직위에 따른 통상적인 직무를 수행하는 행위
- 영업 행위 등 사람이 그 생활상의 지위에서 계속, 반복의 의사로 종사하는 업무에 의한 행위

선거 준비의 시작, 선거 전략 세우기

공직선거법을 위반하지 않는 합법적인 활동을 잘 활용하면 선거 준비 (입후보예정자) 단계에서도 할 수 있는 일이 매우 많다. 이 기간에 성실하게 준비한 후보만이 2단계 예비후보자 단계를 잘 활용할 수 있다. 그리고 3단계에서도 준비된 전략을 갖고 차분히 선거운동을 진행하면 당선의 영광을 안을 수 있다. 선거 준비는 선거 전략을 세우는 일에서부터 시작된다.

선거 전략을 세울 때 반드시 고려해야 할 첫 번째는 자신을 객관화하고 장단점을 파악함으로써 선거 캠페인의 방향을 정하는 것이다. 출마를 결심한 후보자는 먼저 백문백답으로 자신을 객관적으로 정리해봐야 한다. 재산형성 과정에서 문제는 없는지, 학교 졸업이나 논문 등에서 논란의 소지는 있는지. 가족 등에서 사회적으로 문제가 되거나 또는 좋은 장점이 있는지 등을 정리해야 한다. 단점은 추후 전략서 작성 이후 대응 방안에서 어떻게 보완해야 할지 논의해야 한다. 장점도 작성해야 한다. 장점은 선거 캠페인에서 후보자의 홍보나 이미지 전략에서 적극 활용할 수 있다.

예를 들면, 상대 후보가 병역 미필자인 경우에는 자신의 군복무 사실이 중요한 홍보 콘텐츠가 될 수 있다. 후보자의 백문백답을 통해서 아버지, 본인, 아들이 모두 군대에 다녀와서 3대가 군복무를 한 '병역명문가' 인증을 받았다는 사실을 새삼스레 알게 되는 경우도 있다. 후보자는 집안일이라 특별하게 생각하지 않겠지만, 흔한 집안일 하나가 선거 구도를 바꿀 수 있는 중요한 팩트가 될 수 있다.

병역, 학력, 기타 경력, 재산형성 과정, 처갓집 가족들의 이력 사항, 전과 등 범죄사실 여부 등 모든 것을 밝히고 선거 참모들과 공유해야만 향후 선거운동 과정에서 드러날 수 있는 네거티브 공격을 미리 대비할 수 있을 것이다.

두 번째는 경쟁 후보에 대한 내용 정리이다. 정당 후보자로 경선을 앞두고 있다면 현역의원, 경선 경쟁 후보 등에 대해서 주요 경력, 활동 내용, 언론 인터뷰, 주요 지지 기반 그리고 장점과 단점 등을 정리해야 한다. 타당의 경쟁 후보도 위 내용과 비슷한 내용으로 정리하면 된다. 정리내용은 반드시 문서 등 객관적 사실을 기반해야 한다. 전략서에 작성된 내용으로 향후 선거 캠페인에서 활용하게 될 것이다.

그런데 불확실한 정보를 사용하여 전략서에 반영하면 안 된다. 그 내용을 기반으로 캠페인을 전개할 경우에 자칫 허위사실 유포행위가 될 수 있다. 언론 기사, 인터뷰, 공문서 등 사실 확인이 되는 내용을 중심으로 파악하고 확인되지 않은 내용은 별도로 표기하여 꾸준히 팩트체크를 해야 한다.

득표 목표에 따라 구체적인 선거 전략 세우기

세 번째는 선거의 득표 목표를 설정하는 것이다. 미국의 경제학자 피터 드러커는 "어떤 현상을 숫자로 표현하지 못하면 문제를 정확히 알지 못하는 것이고, 정확히 모르면 관리할 수 없고, 관리할 수 없으면 현재의 상태를 개선할 수 없다"고 했다. 선거 전략을 수립하는 데 있어서 득표 목표를 수치화하고 진행과정을 체크해야 한다.

먼저 이전의 투표율 추이를 조사해서 출마지역의 투표율을 예측해야 한다. 또한 인구 증가 추이도 고려해야 한다. 특히 수도권 등 개발 지역의 경우는 인구가 급격히 변화하는 경우가 많다. 인구 변화 추이를 고려하고 역대 투표율 등을 감안해서 투표율을 예측할 수 있다.

그다음은 투표율 예상과 인구수(유권자 수) 등을 반영해서 가상 득표 목표를 잡아봐야 한다. 우선 선거 경쟁자 분석을 통해서 일대일 구도가 될 것인지, 3명 후보가 경합하게 될 것인지 시뮬레이션 해본다. 지역이 정당 지향적인 투표 성향이 높으면 일대일 후보가 되는 경우가 많다. 당선 목표는 보수적으로 계산해도 투표자 수에서 50%를 넘지 않아도 된다. 대략 45% 내외가 당선 득표권이 될 것이다.

3명의 후보가 경합하는 경우, 예를 들면 여당 후보 1명, 야당 후보 1명, 무소속 후보 1명 등이 서로 경합하는 경우가 발생할 수 있다. 이때 한 후보가 야당에서 탈당하여 무소속 출마를 했을 경우 야당 후보의 득표를 잠식하게 될 것이다. 반대로 여당 출신 후보가 탈당하는 경우도 가능하다. 이렇게 다양한 경우의 사례를 구성하여 모의 득표 전략을 계산해보고 예측해봐야 한다.

시뮬레이션을 통해 나온 득표 목표에 따라 구체적인 선거 전략을 세운다. 선거를 시작하면 자신이 월등한 격차로 상대 후보에게 압승을 거둘 것이라 생각하는 후보가 많다. 그렇지만 선거는 단 1표라도 더 얻으면 승리한다.

정확한 득표 목표를 수립하는 이유는 첫째, 선거 캠페인의 양적 기준점이 된다. 선거 캠페인을 진행해보면 여론조사, 연고자 데이터 등을 통해서 단계별로 목표에 도달하고 있는지, 어디에서 부족한지 확인할 수 있다. 둘째, 후보자의 캠페인 평가를 할 수 있는 질적 기준점이 된다. 지금 후보의 전략적 성과는 어느 정도에 도달해 있는지, 부족하다면 어떤 점을 개선해야 하는지 등을 분석할 때 기본 자료로 사용할 수 있다. 전략 수립을 잘못한 것인지, 추진과정이 잘못된 것인지 세밀하게 분석하고 전략을 수정해야 한다.

예상 투표율 구하기

(《지방선거 가이드북》, 김상진 외, 시대정신연구소 인용)

선거의 종류	투표율(%)	A당 후보 득표율(%)	B당 후보 득표율(%)
1회	65	55	45
2회	63	47	53
3회	60	56	44

☑ 예상 투표율

예상 투표율은 선거의 투표율을 평균 내어 구하면 됨. 따라서 이 선거구의 예상 투표율은 62.7%. 각 선거별 투표율의 합 (65+63+60) / 3

☑ 예상 득표율

예상 득표율은 선거의 당선된 득표율을 평균 내어 구하면 됨. 따라서 이 선거구의 예상 당선득표유은 54.7%. 각 선거별 당선 득표율의 합 (55+53+56) / 3

☑ 정당 기본득표율 측정

정당기본표의 규모를 파악하는 가장 일반적인 방법은 그 정당이 최악의 성적을 냈던 선거의 득표율을 참고. A당이 가장 저조한 성적을 보인 선거는 2회로 47%이며 B당이 가장 저조한 성적을 보인 선거는 3회로 44%

☑ 부동층 측정

부동층의 규모는 두 정당의 평균득표율에서 정당의 기본득표율을 빼면 구해짐. 위 자료의 선거구는 A당과 B당밖에 없으므로 두 정당의 평균득표율의 합은 100%. 그리고 두 정당의 기본득표율의 합은 91%. 부동층은 9%. 두 정당의 평균득표율의 합계(100%) - 두 정당의 기본득표율 합계(91%) =9%. 주의할 점은 이것이 전체 유권자수의 부동층이 아닌 투표를 한 유권자에서의 부동층 규모라는 점. 예상치 못한 정치적 이슈로 투표율이 이전보다 더 높아지면 이런 부동층의 비율은 더 올라갈 수 있음

여기까지의 결과로 볼 때 예상 당선득표율인 54.7%에 근접하려면 A당은 자신의 기본표인 47%에 7.7%의 부동층이 필요하며 B당은 자신의 기본표인 44%에 10.7%의 부동층 표가 필요하다는 결론. 그러나 일반적으로 목표는 50%가 넘으면 당선이 됨. A당 후보는 기본표인 47%에서 3%의 부동층을 공략하는 것이 더 최소 득표 목표가 될 것임

tip

우세지역과 열세지역 구분 방법
티켓 스플리터

(《선거전략 기획을 위한 선거공학론》, 김학량, 캠스트 인용)

읍면동별 투표구별로 일정한 경향을 보이는데. 이때 A정당을 지지했다가 다른 선거에서는 B정당으로 지지를 바꾼 유권자가 많은 지역이 부동층이 많게 됨. 이러한 부동층을 파악하는 방법으로 티켓 스플리터Ticket-Splitter가 있음

☑ 티켓 스필리터(TS) 분석 방법
TS수치 = (비교대상 선거 중 해당 정당의 투표구별 최고 득표율) - (비교대

상 선거 중 해당 정당의 투표구별 최저 득표율). TS수치가 높은 지역이 부동
층이 많아 공략지역이 됨

☑️ 예시

투표구	3회		2회		1회		TS수치	
	A당(%)	B당(%)	A당(%)	B당(%)	A당(%)	B당(%)	A당	B당
가	56	44	55	45	50	50	56-50=6	50-44=6
나	55	45	45	55	40	60	55-40=15	60-45=15

이 결과로 본다면 A당의 우선 공략지역은 나 투표구가 될 것이고 B당도 나
투표구가 될 것임

반집 승부처도 많다

대통령선거, 국회의원선거 등 전국적인 선거의 경우 정당 간의 주요 이
슈가 형성되고 그 이슈를 중심으로 선거의 구도가 정해진다. 2002년
16대 대통령선거에서는 행정수도 지방 이전이 중요한 선거 이슈였다.
이 이슈에 대해 새천년민주당의 노무현 후보는 적극 추진하는 입장이
었고, 한나라당 이회창 후보는 반대 입장이었다. 행정수도 이전에 찬성
하는 유권자들이 많아서 노무현 후보가 승리할 수 있었다.

2007년 17대 대통령선거에서는 한나라당 이명박 후보의 "줄푸

이명박 대통령 후보. (출처: 선거정보도서관)

세 타고 747, 즉, 세금은 줄이고, 간섭과 규제는 풀고, 법치주의를 확립하여 연 7% 성장, 1인당 국민소득 4만 달러, 세계 7위의 경제대국 이룩하자"는 MB노믹스 캠페인이 주요 구도를 형성했다. 당시 대통합민주신당의 정동영 후보는 이명박 후보의 4대강 건설 추진 공약, BBK 의혹 등에 대해 문제제기를 했으나 경제 성장을 바라는 유권자들은 이명박 후보를 선택했다.

이후 2008년 18대 총선에서는 한나라당이 압승을 하게 된다. 막 출범한 이명박 정부에 대한 기대감과 참여정부에 대한 실망감이 반영된 것이다. 그러나 이후 2년 뒤인 2010년 지방선거에서는 민주당이 압승을 하게 된다. 이명박 정부 심판이라는 민주당의 선거 구도가 국민의 마음을 얻은 결과이다.

　선거는 구도가 60%, 정책과 인물이 30%, 캠페인이 10%로 결정된다고 말한다. 그렇기 때문에 큰 선거에서는 선거 구도의 영향이 제일 클 수밖에 없다. 구도를 이루는 이슈에 따라 신문, TV뉴스 등이 매일 같이 해당 내용을 보도하기 때문에 유권자의 눈과 귀는 그 이슈에 따르게 마련이다.

　그렇지만 때로는 후보의 경쟁력과 캠페인 효과가 반집 승부를 이끌어내는 경우도 많다. 선거 구도가 다소 불리하더라도 후보자의 자질이나 능력이 뛰어나면 당선 가능성이 높다. 제18대 국회의원 총선은 이명박 정부에 대한 국정 기대감이 반영되어 민주당에는 힘든 선거였다. 한나라당이 총 299석 중에서 153석을 차지했고 서울지역은 총 48석 중에서 40석을 차지해 압승했다. 민주당은 전체 81석과 서울지역에서 7석에 그칠 정도로 참패했다. 그러나 열세의 구도에서도 후보의 경쟁력과 캠페인 효과를 통해 의외의 결과를 이끌어낸 곳도 찾아볼 수 있다.

　18대 총선의 서울지역에서 승리를 거두어 일약 스타덤에 오른 서울 동작갑의 전병헌 의원은 특유의 성실성으로 지역 유권자에게 크게 어필했다. 민주당 당내에서도 정책통으로 알려진 전병헌 의원은 민생 정치를 앞세워 지역 유권자들의 표심을 파고들었다. 지역 주민이 피부로 느낄 수 있는 정책과 공약을 제시하고 제대로 지역을 위해 일할 수 있는 사람을 뽑아 달라고 호소했다. 그 결과 한나라당의 거센 추격을 물리치고 승리할 수 있었다.

전병헌 후보. (출처: 선거정보도서관)

당시 광풍처럼 몰아닥친 뉴타운 바람이 서울 전역을 강타했다. 한나라당 후보들은 힘 있는 정부여당으로 뉴타운 추진을 성공해낼 것이라 공약했다. 그러나 동작갑 지역에서는 뉴타운 공약이 영향을 미치지 못해 전병헌 의원이 승리할 수 있었다. 전 의원의 경우 일관된 정책으로 후보의 이미지를 만들고 이를 집중적으로 홍보함으로써 유권자에게 새로운 선택의 기회를 제공한 것이 승리의 원동력이었다.

19대 총선에서 통합진보당 후보로 출마했던 심상정 의원은 경기도 고양시 덕양갑에서 전국 최소 표차로 당선되었다. 심상정 의원은 새누리당 손범규 후보와 대결을 벌였는데, 선거 결과 43,928표를 얻어 43,758표를 득표한 새누리당 손범규 후보를 170표 차이로 이겼다. 18대

심상정 후보 (출처: 선거정보도서관)

총선에서 같은 지역에서 출마해서 낙선한 심상정 의원은 이후로 절치
부심해 지역을 단단히 관리하고 각종 정치적 사건에 대해 지속적으로
발언하면서 전국적 진보 정치인으로 부상했다.

덕양갑 지역이 야권 연대 지역으로 분류되면서 단일 후보로 출마
한 것이 승리의 가장 큰 요인이 되었다. 그러나 끊임없는 열정으로 지
역 민심을 다져 놓지 않았다면 쉽게 승리할 수 없었을 것이다. 심 의원
의 열정이 전국 최소 격차 승리를 만들어낸 것이다.

2010년 지방선거에서 서울시장 후보로 출마한 민주당 한명숙 후
보, 한나라당 오세훈 후보의 대결이 주목받았다. 오세훈 후보와 한명숙
후보가 밤새 0.1%~1%의 근소한 차이로 엎치락뒤치락 한 결과, 오세훈

후보가 47.4%를 득표해 46.8%를 득표한 한명숙 후보를 불과 0.6% 차이로 승리를 거머쥐었다. 당시 한명숙 후보는 당선을 예측하고 광화문에서 이른 승리의 샴페인을 터트렸지만 자정이 넘어가면서 역전되어 최종 승리는 오세훈 후보가 차지했다. 선거에서 천국과 지옥은 단 한 표차이라는 것을 명심해야 한다.

step
04

나와 경쟁자의
SWOT 분석

모든 선거에서 상대가 있다. 따라서 나에 대한 객관적인 평가와 동시에 상대 후보를 알아야 한다. 출마가 예상되는 경쟁 후보에 대한 정보를 수집하고 자신을 객관화하여 비교해봐야 한다. 이 작업을 통해서 향후 상대 후보의 선거 전략을 예측하고 그에 대한 우위를 확보할 수 있는 아이템을 찾아 선거 캠페인에 사용할 수 있도록 준비해야 한다. 그 방법으로 SWOT 분석이 가장 많이 사용된다.

　　SWOT이란 장점(Strength), 단점(Weakness), 기회(Opportunity), 위협(Threat)의 네 단어에서 앞 글자만 모아 만든 조어다. SWOT 분석을 통하면 나와 상대 후보에 대한 보다 근본적인 연구를 체계화할 수 있고 대응책도 미리 준비할 수 있다. 참모들과 공유하고 사안별 대응 전략을 구상해두어야 한다. 선거에서는 크고 작은 변수가 많아 주요 사안에 대한 체크리스트를 작성하여 대응 방안을 미리 준비해두면 선거를 주도적으로 이끌어갈 수 있다.

SWOT 분석 어떻게 할 것인가

1. 장점(S)

후보마다 자기만의 강점이 있다. 이것이 득표에 직결되는 경우도 있고, 유권자와 만날 때 자연스럽게 나를 각인시킬 수도 있다. 다른 후보와 비교해서 자신만의 강점을 분석하고 승리로 이르게 하는 방법을 모색할 수 있다.

2. 단점(W)

자기에 대한 분석을 철저히 하다 보면 단점도 발견된다. 이에 대한 사전 방어책을 마련하고 상대 후보가 지적하는 경우 즉각적으로 역공을 취할 수 있는 준비가 필요하다.

3. 기회(O)

선거는 후보 본인의 역량뿐만 아니라 지역 민심의 흐름이나 중앙 정세 등에 따라 당락이 좌우되는 경우가 많다. 각종 변수를 고려하여 선거에서 승리 가능성을 점검해야 한다.

4. 위협(T)

후보의 사정은 본인이 누구보다 더 잘 알고 있다. 위기로 작용할 수 있는 요소들을 파악하고 그 영향을 최소화할 방안들을 미리 모색한다.

본인뿐만 아니라 상대 후보를 대상으로도 SWOT 분석을 해본다. 상대의 분석 내용을 토대로 대응 전략을 논의할 수 있고, 우리 후보의 장점을 어떻게 활용하고 극대화할 수 있는지도 논의할 수 있게 된다.

이 분석 결과를 바탕으로 자신과 경쟁 후보를 출신 지역, 연령, 학력, 주요 경력이나 업적, 메시지 등으로 구분하여 분석해본다. 이 분석표를 통해 경쟁후보와의 비교 우위를 알아보고, 이것이 지역 유권자의 정서와 요구에 맞는지 비교해야 한다. 자신의 비교 우위는 출신 지역이 될 수도 있고, 나이가 될 수도 있다.

대부분은 주요 경력과 업적이 그 사람의 인물 경쟁력을 좌우한다. 지역 여론조사에서 유권자들이 가장 관심을 갖는 현안이 '지역 경제 활성화'라고 가정할 때, '경제전문가이면서 성공한 CEO 출신' 후보라면 상당한 비교 우위에 설 수 있을 것이다. 그 지역의 최대 이슈가 교육 문제라면, '교육 문제에 대한 전문성과 경험'이 후보 경쟁력의 핵심이 될 수 있다.

가상의 야권 후보의
SWOT 분석 사례

☑ ○○○후보는 전문직 출신으로 젊은 패기를 앞세워 선거에 출마했다. 야당에 입당하여 자신의 전문 분야를 살리고 싶지만 취약한 조직과 선거 자금 등 선결 과제가 많다. 하지만 정부와 여당의 실정으로 야당의 견제력이 필요한 정치적 상황과 기존의 구태의연한 정치에 신물이 난 국민은 새로운 정치 신인의 등장을 바라고 있다. 또한 소속 정당에 대한 국민들의 지지율을 높이고 취약한 조직과 재정을 확보해야 할 숙제가 남아 있다.

장점(Strength)	단점(Weakness)
• 젊고 깨끗한 이미지 • 전문직 출신이라는 엘리트 이미지 • 혁신을 이끌 진취적 이미지 • 여당의 실정으로 야당의 견제력 요구	• 낮은 인지도 • 지역기반과 조직기반 약세 • 젊은 나이로 인한 무게감 부족 • 취약한 조직기반과 자금 부족
기회(Opportunity)	위협(Threat)
• 정권의 실정으로 인한 민심 이반 • 새로운 정치 신인에 대한 열망 • 민생 문제에 대한 주민들의 욕구 고조 • 전문성 있는 인물론 대두	• 당의 혁신 실패로 지지도 약화 • 당에 대한 국민의 실망 확산 • 젊은 유권자들의 정치 냉소 • 조직력 및 금권이 강한 상대 후보 등장

출마 지역 주요 현안 공부하기

오랫동안 지역을 기반으로 활동한 후보자들은 "누구네 집 밥숟가락 수도 알 정도로 잘 안다"라는 표현을 자주 한다. 그만큼 동네 주민과 친근한 이미지로 소통해왔기 때문일 것이다. 대부분의 출마 준비자들은 지역에 관해 따로 공부해야 한다. 평소에 알고 있어도 자신의 환경에 기반해 협소한 지식을 가지고 있을 수 있기 때문에 출마를 준비하는 단계에서 다양한 지역 공부가 필요하다.

효율적인 지역 현안 공부를 위한 6가지 방법

1. 지역지도 구입하기

지도를 구입하여 자신이 출마한 지역의 특성을 기록하고, 다녀온 동선을 체크해놓는 것도 좋은 방법이다. 선거 준비할 때 가장 많이 사용하는 지도는 부동산 사무실에서 흔히 볼 수 있는 개발 현황 지도다. 주요 도로, 학교, 관공서 등이 잘 표시되어 있고, 아파트의 경우 동별 표시도 정확하게 나와 있어서 지역을 파악하는 데 효과적이다.

지도를 구입하면 동별 투표소를 우선 표시해야 한다. 투표소는 선거 때마다 다소 변동이 있을 수 있으나 주로 학교, 교회, 주민센터, 경로당, 마을회관 등에 설치하고 그 동네의 중심지에 설치하게 되어 있다. 그렇기 때문에 자주 변경되지 않는다.

지도에 투표소를 표시하는 이유는 투표소에서 멀리 거주하는 유권자보다 투표소 인근 지역 주민들의 투표율이 상대적으로 높기 때문이다. 투표소를 중심으로 반경 500m 정도의 원형을 그려 놓는다. 그리고 해당 반경 내의 지역을 중점적으로 활동하면서 반응을 체크한다.

지도에는 후보자가 다녀간 동선도 체크하면 좋다. 후보자가 되기 전에 골목골목을 직접 걸어다녀 볼 것을 권장한다. 골목에서 주민을 만나 인사도 하고 동네 이야기를 들을 수 있다. 지역 현안이 있다면 후보자가 직접 현안 조사를 해서 해결 방안을 찾는 모습도 좋은 선거 캠페인이 될 수 있다. 이때 다녀간 길을 체크하여 선거지역 전체를 고루 다녔는지, 빠진 곳이 없는지 등등을 지도에 표시하고 점검할 수 있다.

선거통계시스템 화면

2. 지역 선거 이력 조사하기

최근 10년간 선거 결과가 어떻게 나왔는지, 투표율 등은 어떠했는지 파악하는 것이 필요하다. 이전 선거의 투개표에 대한 결과는 중앙선관위 홈페이지의 선거통계시스템(http://info.nec.go.kr)에서 확인할 수 있다.

역대 전국지방선거 투표율, 역대 국회의원선거 투표율, 역대 대통령선거 투표율 등을 확인할 수 있다. 각 선거별로 선거인 수, 투표 수, 후보자별 득표 수, 부재자 투표 수, 투표소별 득표 수 등을 파악할 수 있다. 공개된 해당 투개표 정보는 엑셀 파일 양식으로 다운받을 수 있다. 엑셀 파일로 다운받아 다양하게 데이터를 분석할 수 있다. 일부 전국지방선거의 경우에는 투표소별 개표 결과를 중앙선관위 선거통계시스템에서 확인할 수 없다. 그런 경우에는 해당 지역 선관위에 문의해서 받아야 한다. 정당의 지역위원회 등에서 매번 선거를 치르고 정보를 잘 정리해놓거나 지역 언론사에서 자료로 가지고 있는 경우도 있다.

3. 선거 공약 정리하기

출마하는 지역에서 어떤 정책이 나왔고, 후보별로 어떤 공약을 내놓았는지 파악해야 한다. 중앙선거관리위원회 선거정보도서관(http://elecinfo.nec.go.kr)에서 후보별 선고공보, 벽보 등을 검색해서 다운받거나 인쇄할 수 있다. 해당 후보자별 공약 내용 등을 별도로 목록으로 정리하고 추진여부를 점검한다. 경쟁 후보가 공약을 제대로 이행하지 못한 부분이 있다면 별도로 체크하고 분석해야 한다.

그 공약이 제대로 이행되지 못한 이유는 무엇인지 분석해서 상대후보와 토론회를 할 때 질의 자료로 사용할 수 있다. 문제점을 개선해서 새로운 대안을 만들어 나의 공약으로 만들 수 있기 때문에 사전에 준비가 필요하다. 때로는 무소속 후보나 군소후보의 공약 중에서도 참고할 만한 좋은 공약을 발견하게 되는 경우도 있다. 한번 만들어진 공약 중에서 다시 사용할 것은 없는지 꼼꼼히 살펴봐야 한다.

이전 선거의 출마자 공약을 정리할 때, 해당 동별로 정리하면 좋다. 때로는 여러 동이 함께 포함되는 경우는 있는데, 광역 공약으로 분류하면 된다. 복지, 문화 등 지역 기반이 아닌 내용별 주민생활 공약도 별도로 분류해놓는다. 정당 후보의 공약 중에는 중앙당의 정책 공약이 포함되기도 한다. 예를 들면, 지방 균형 발전을 위한 수도권 개발 제한, 공기업의 지방 이전, 중학교 무상의무 교육 추진 등이 중앙당의 정책 공약에 해당된다. 이러한 공약은 지역에 한정되지 않고 전국에 해당되더라도 지역 후보자가 자신의 공약으로 활용할 수 있다. 한국매니페스토실천본부에서 운영하는 매니페스토도서관(http://manifestolib.or.kr)도 참고하길 권한다. 전국의 지방정부에서 추진한 우수사례를 쉽게 찾아볼 수 있다.

공약 체크 시에는 낙선 후보자 공약과 당선 후보자 공약을 체크해야 한다. 당선 후보자의 공약은 추진 성과(추진 중, 완료 여부, 미 추진, 내용변경 등)를 사실 확인 후 정리한다.

4. 지역 언론사 모니터링하기

중앙 언론사 또는 지역 언론사의 현역 단체장, 의원 기사를 꼼꼼히 모니터링해서 추진 성과를 파악해보자. 꼼꼼한 단체장이나 의원의 경우, 자신의 블로그, 소셜 미디어 채널 등에 별도로 게시하는 경우가 많다. 그러나 이런 경우에는 자신에게 불리한 기사는 게시하지 않기 때문에 별도로 추가 검색을 통해 해당 이슈에 대한 다양한 언론 기사를 모니터링하는 것이 필요하다.

지역 현안과 경쟁자에 대한 모니터링은 별도 데이터베이스를 만들어놓으면 향후 후보자별 토론회나 간담회 등에서 활용할 수 있다. 위드 등 전자문서로 기사 내용을 저장해놓으면 키워드 검색을 통해 쉽게 찾아 활용할 수 있다. 구글의 문서 클라우드인 구글 드라이브 등에 주제별로 파일로 정리해놓으면 외부에서 이동 중에도 해당 내용을 참고할 수 있다. 캠프의 여러 사람에게 공유해서 동시에 작성 또는 수정도 가능하니 활용하면 좋다.

언론사를 모니터링할 때, 때로는 언론사의 정치적 특성이 반영되는 경우가 종종 발견된다. 보수적 성향인지, 진보적 성향인지, 친환경적인지, 주민 입장인지 등 언론사의 특성을 파악해놓는다면 기사 내용에 대한 맥락을 이해하는 데 도움이 된다. 이러한 내용을 토대로 언론사별 기자 간담회를 준비하면 된다. 언론사의 특성, 기자의 관심사를 미리 알고 만나면 잘 준비된 후보자라는 인상을 줄 수 있다.

5. 지역의회 회의록 살펴보기

의회의 홈페이지에서는 본회의, 상임위원회의 각 회의록을 공개해 누구나 볼 수 있게 해두었다. 현역의원의 경우는 발언 동영상 파일을 활용해서 발언 내용을 블로그 등에 게시하여 홍보에 활용하고 있다. 후보가 관심 가진 내용에 대해서 본의회 질의나 발언 내용이 있다면 회의 내용을 다운받아 볼 필요가 있다.

특히 해당 발언자가 경쟁 후보일 경우에는 관련 이슈에 대해 언제, 어떠한 발언을 했는지 자료를 정리해놓을 필요가 있다. 회의록을 통해서 해당 이슈의 추진 사항을 파악할 수도 있고, 단체장을 대상으로 한 질의 내용에서 주요 쟁점 사항이 무엇인지 빠르게 파악할 수 있는 자료가 된다.

6. 공공 정보 활용하기

관공서 통계연보, 시도의 업무 추진 계획 책자, 주민생활안내책자, 소식지 등도 좋은 자료가 된다. 해당 지방정부의 통계연보 등은 지역의 공공도서관에서 쉽게 열람할 수 있다. 우선 지역의 경제 지표, 인구 지표, 연령대별 인구 변화, 소득 등을 통계연보에서 확인할 수 있다. 최근에는 정부의 공공데이터포털(https://www.data.go.kr)에서도 필요한 정보를 찾을 수 있다.

지방정부는 주요 업무추진계획을 매년 발행한다. 시도의 주요 업무추진계획과 성과, 향후 계획 등이 정리되어 있다. 최근 4~5년간 주요 업무계획책자를 확인해 지역에 대한 정책 변화를 비교해볼 필요가 있다. 부족한 부분이 없는지, 추진과정에서 보완되어야 할 것은 없는지, 향후 더 발전시킬 수 있는 것은 무엇인지 연구해야 한다.

주민들을 위한 생활안내책자나 지역 관광안내책자 등도 지역을 파악하기 위해 좋은 자료가 될 수 있다. 지방정부에서 주민에게 홍보하는 사항을 보면 주요 사업을 파악할 수 있기 때문이다. 관광안내책자 등에서 지역 유래, 역사, 관광지 등을 파악함으로써 관광정책에 참고할 수 있다.

지역이 낯선 후보에게는 지역을 공부하는 기초자료로 활용할 수 있다. 해당 내용을 숙지하고 지역현장을 다니면 상대적으로 빠르게 지역의 주요 현안을 파악할 수 있다.

여론조사는
어떻게 해야 하나?

출마를 결정하기 위한 사전 여론조사는 선거 전략을 객관적으로 수립하는 데 큰 도움이 된다. 유권자의 특성, 성향 및 과거 투표 행태, 이상적인 후보 이미지 및 유력 후보자들의 이미지에 대한 분석을 통해 자신의 타깃 대상을 설정할 수 있다. 이와 같은 객관적인 조사가 제대로 이루어질수록 훌륭한 선거 전략서가 나온다. ARS(자동 응답 시스템), 전화면접, 대인면접, 심층면접, 우편조사 등의 조사방법이 있다.

근래 들어서는 여론조사의 효과성이 떨어지고 있는 추세이다. 제한적 샘플에, 반복되는 조사로 인한 응답자들의 피로, 응답 연령층에 대한 객관적 검증의 부재, 정치 성향을 드러내지 않으려는 응답자의 심리 등이 중첩되고 있기 때문이다. 이러한 문제점을 해결하기 위해 새로운 RDD(Random Digital Dialing, 전화번호부 미등재가구 포함 임의 걸기) 방식이 활용되고 있다.

객관적이고 정확한 여론을 살피기 위해서는 검증된 업체를 선정하는 것이 매우 중요하다. 한편 여론조사를 실시할 때 객관적이고 중립적인 조사가 아니라 인지도를 높이기 위한 방편 등으로 사용할 경우 조사 결과가 왜곡될 뿐만 아니라 선거법 위반 소지도 있음을 유의해야 한다. 따라서 설문지를 만드는 과정에서부터 여론조사 전문가의 조언을 받는 것이 바람직하다.

여론조사의 방법과 조사크기 등에 따라 비용이 차이가 몇백만 원에서 몇천만 원 이상 발생하기도 한다. 여론조사는 조사대상의 샘플 수가 클수록 정확도가 높아진다. 유권자 수가 10만 명의 선거구에서 1천 명을 조사한 결과보다 1만 명을 조사한 결과가 더욱 정확해질 수밖에 없다. 그러나 조사 대상이 많아진다는 것을 그만큼 비용이 증가한다는 것이다.

조사방법에서도 기계음이나 녹음된 자동음성 전화로 진행되는 ASR보다 직접 전화면접 방식이 응답률이 높아지고 정확해진다. 심층면접을 진행할 경우에는 조사 참여자를 직접 만나 진행하기 때문에 더 상세한 답변을 얻을 수 있다. 심층면접 방식이 다른 조사보다 비용이 높다. 그렇기 때문에 여론조사에서 조사방법과 조사 샘플 수를 어떻게 할지 정하는 것이 중요하다.

여론조사 데이터 분석 시 주의할 점

첫째, 응답자들의 성별, 세대별, 거주지별 할당이 잘 되었는지 확인해야 한다. 대부분 조사기관에서 정해진 할당에 맞추어 조사하지만, 응답자 수가 미달인 경우가 발생할 수도 있고 목표할당보다 응답자 수가 많아서 수집된 샘플을 버리기도 한다. 특히, 응답자 수가 적어 목표 할당에 이르지 못했을 경우, 일정하게 가중치를 적용하게 된다. 예를 들면, 20대 남자가 해당지역의 인구비례에 의하면 목표 할당이 100명이라고 할 때, 실제 조사과정에서 70명만 응답했다. 조사기관에서 가중치를 적용해서 100명이 응답한 것으로 보정을 하게 된다는 것이다.

조사과정에서 인구비례 할당은 조사결과의 객관성을 확인하는 중요한 기준점이다. 예를 들어, 여성보다 남성이 과소 표집되었거나 혹은 50대 응답자 수가 인구비례보다 과대 표집되었을 때는 조사결과가 다르게 나타날 수 있다.

둘째, 오차범위를 고려해 1~2%의 응답차이에 일희일비해서는 안 된다. 여론조사결과를 보면 신뢰수준과 표본오차라는 말이 있다. 여론조사에서 전국 성인남녀 1,000명을 대상으로 했을 때 95% 신뢰수준에 표본오차 +-3.1%라고 한다. 신뢰수준은 여론조사 결과가 어느 정도의 신빙성을 가지고 있는가를 수치로 나타낸 것이다. 가령 신뢰수준 95%라는 조사결과가 나오면 같은 조사를 100번 실행했을 때 95번의 같은 결과가 나온다는 것을 의미한다.

표본오차는 똑같은 표본추출 과정을 거쳐 동일한 조사를 진행한다고 가정했을 때, 동일한 응답을 얻을 수 있는 허용 한계를 의미한다. 가령 설문조사에서 A당 후보의 지지도가 35%, B당 후보의 지지도가 30%라면 조사의 허용 범위는 A당 후보는 35%의 +-3.1%인 31.9%에서 38.1% 사이의 지지도이며, B당 후보는 26.9%에서 33.1% 사이의 지지도를 나타낸다는 것을 의미한다.

셋째, 여론조사를 진행할 때는 2회 이상 조사를 진행해서 변화추이를 살펴보는 것이 좋다. 선거 준비 단계에서 조사를 진행하고 예비 후보자 등록을 마치고 선거 캠페인이 진행된 후에 조사를 진행하여 여론의 변화가 있는지 살펴봐야 한다. 즉, 선거 준비 단계에서 기획한 캠페인 전략이 제대로 유권자에게 전달되고 있는지, 홍보하는 정책이 지지를 얻고 있는지, 후보자 이미지에 대한 인지호감도 등을 조사함으로써 캠페인 전략을 수정할 것인지, 그대로 추진할 것인지 검토해야 한다.

여론조사의 추이를 확인하기 위해서는 두 조사의 변화를 확인할 수 있는 동일 질문을 꼭 넣어야 한다. 후보별 인지호감도, 정책 이슈에 대한 공감도 등 일정한 설문 문항을 반복해서 질문함으로써 조사별 추이 변화를 확인해 선거 캠페인 효과를 검증할 수 있다.

넷째, 인지도가 너무 낮다고 고민하지 말자. 정치 신인이 지역에서 처음으로 후보자 인지도 조사를 하고 결과를 보면 대부분 실망하게 된다. 10% 이내의 낮은 인지도 응답결과를 보면서 시작부터 좌절감을 맛보게 된다. 상대 후보가 현역의원이어서 인지도 격차가 클 경우 좌절감은 더욱 깊어질 것이다.

출마를 준비하는 사람들은 본인이 지역에서 꽤 알려지고 유명하고, 인정받고 있다고 생각하는 경우가 많다. 그러나 조사결과의 낮은 인지도 결과를 보고 조사의 정확성을 신뢰하지 않는 극단적인 상황도 나온다. 후보자들의 인지도는 투표 당일에 되어서 가장 높아진다고 할 수 있다. 그렇기 때문에 정치 신인의 인지도는 처음부터 높을 수 없다는 것을 감안해야 한다. 여자 아이돌 가수 A씨가 당시 남성이었던 서울시장을 여성이라고 언론인터뷰에서 발언한 것이 화제였다. 젊은 층으로 갈수록 정치인에 대한 인지도는 현저히 낮아지게 된다.

중요한 것은 인지하고 있는 응답자가 가지는 호감도인데 이것을 '인지호감도'라고 한다. 후보자를 알고 있는 사람 중에서 어떤 지역에서, 어떤 연령층, 어떤 성별에서 호감도가 높고 낮은지를 분석해야 한다. 선거 전략에서 타깃층으로 분류했던 층이 만약 30대 주부층이었는데 호감도가 낮게 나왔다면 왜 그런 결과가 나왔는지 캠페인을 다시 복기하고 수정할지 여부를 결정해야 한다. 필요하다면, 심층면접 등을 진행해서 30대 주부층의 정책 공감도, 후보 이미지 등을 조사하여 검증해야 한다.

여론조사 방식에 따른 장단점 비교

	방법	장점	단점
전화면접법	사람이 전화를 이용해 면접하는 방식 (설문 수 15~18개 내외, 배경 질문 7개 정도)	- 신속한 조사 가능 (24시간 이내) - 전화번호부를 이용한 정확한 표본 추출 가능 - 조사자의 인상에 따른 선입견 배제 등	- 전화 소유자만 대상자가 되는 한계(평균 전화 등재율 50%) - 심야시간 등 시간 제약 - 심층적인 조사의 어려움 등
ARS	녹음된 음성으로 전화를 이용해 면접하는 방식 (설문 수 7~8개 내외, 배경 질문 3개 정도)	- 신속한 조사 가능 (12시간 이내) - 전화면접에 비해 훨씬 저렴한 비용 - 전화번호부를 이용한 정확한 표본 추출 가능 - 투표율이 낮을 경우 정확도 향상 (관심층 응답) 등	- 전화 조사 단점과 동일 - 젊은 층 연결 어려움으로 가중치 적용 불가피 - 설문지 흐름을 균형 있게 짜야 함
우편 조사법	질문지를 대상자에게 우송하여 기록하게 한 후 우편으로 접수	- 조사과정의 노력 절감 - 광범위한 조사가 대상자의 사생활과 익명성 보장으로 솔직한 답변 유도 - 접근성 용이등	- 낮은 회수율(10~15%) - 공개적인 조사의 우려 - 대리응답 가능성 등
인터넷 서베이	질문지를 대상자에게 이메일로 우송하여 기록하게 한 후 접수	- 조사 비용과 노력 절감 - 인터넷 특성상 충실도가 높음 등	- 표본 대표성의 근본적인 한계 - 대리응답 가능성 등
F.G.I (Focus Group Interview)	인구사회학적 속성을 고려한 10여 명 내외 대상자로 하는 심층인터뷰 방식	전화 조사 등에서 파악되지 않는 동기와 이유에 대한 분석 가능	진행자의 능력에 따라 결과가 달라짐

box

여론조사 사례

Q 1. 남 / 여 Q 2. (연령) Q 3. (거주 지역)

1. 선생님께서는 내년 지방선거에 투표하실 의향이 있으십니까?
① 반드시 투표하겠다 ② 가급적 투표하겠다

2. 다음 중 어느 정당을 가장 지지하십니까?
① 더불어민주당 ② 국민의힘 ③ 국민의당 ④ 정의당 ⑤ 기타

3. 내년 지방선거에서 인물과 정당 중 어느 기준을 더 중요하게 생각하십니까?
① 인물 ② 정당 ③ 둘 다 고려

4. 선생님께서는 어떤 방법을 통해 우리 지역의 상황이나 뉴스를 접하십니까?
① 지역방송뉴스를 통해
② 중앙방송뉴스를 통해
③ 지역 신문을 통해
④ 중앙 일간지나 지방 일간지를 통해
⑤ 인터넷 매체를 통해

⑥ 군청에서 발간하는 자료를 통해

⑦ 기타

5. 현재 ○○ 지역에서 가장 시급히 해결해야 할 과제는 무엇이라고 생각하십니까?

① ○○을 대표하는 이미지 및 브랜드 개발

② 폐기물 처리장 건설, 하천 정화 등 환경문제 해결

③ ○○공장 건설 등 생물·의약 산업 단지 조성

④ ○○~○○ 간 국도 확장

⑤ 지하철의 ○○ 연장

⑥ ○○의 대학 및 명문고 유치

⑦ 전원형 주거 단지 조성

⑧ 골프 레저 타운 건설

6. 내년 지방선거에서 당선될 단체장(또는 지방의원)이 다음 중 어떤 분야에 가장 힘을 기울였으면 좋겠습니까?

① 산업 단지 유치, 관광 산업 육성 등 지역 개발

② 교통, 교육, 주택 등 주민 생활환경 개선

③ 일자리 창출, 농업 특산물 개발 등 실질적인 주민 소득 증대

④ 투명한 행정 및 인사 등 행정 개혁

⑤ 도시-농촌 간의 지역 격차 해소

⑥ 여성의 생활 조건 개선

7. 다음 중 경력만 놓고 볼 때 단체장(지역의원)으로서 어떤 경력이 가장 적합하다고 보 십니까?

① 기업 경영자 출신

② 지역 행정가 출신

③ 지역 정치인 출신

④ 시민단체 등 시민 운동가 출신

8. 단체장(지역의원)이 갖춰야 할 가장 중요한 자질은 무엇이라고 보십니까?
① 청렴성 및 도덕성
② 소신 및 개혁성
③ 주민과의 친화력
④ 정치적 판단력과 정책 능력

9. 단체장(지역의원)이 갖춰야 할 가장 핵심적인 능력은 무엇이라고 보십니까?
① 행정 능력 ② 지역 개발 능력
③ 주민 생활환경 개선 능력 ④ 갈등 조정 능력

10. 현 단체장(지역의원)에 대해 알고 계십니까?
① 알고 있고 호감이 감 ② 알고 있지만 호감 가지 않음 ③ 전혀 모름

11. 현 단체장(지역의원)이 일을 잘하고 있다고 생각하십니까? 아니면 잘못하고 있다고 생각하십니까?
① 잘하고 있음 ② 잘못하고 있음 ③ 잘 모름

12. 현 단체장(지역의원)이 가장 잘하고 있다고 생각하는 분야를 한 가지만 지적한 다면? (11번 질문의 1, 3번 응답자)
① 지역구 산업 활성화
② 대규모 개발 사업 추진
③ 주민 복지 증대 및 생활환경 개선
④ 잘 모름

13. 현 단체장(지역의원)이 가장 잘못하고 있다고 생각하는 분야를 한 가지만 고른다면? (11번 질문의 2, 3번 응답자)
① 지역구 등한시
② 공약 실천 미흡
③ 지역 개발 사업 추진 능력 부족 ④ 잘 모름

14. 기업체를 운영하면서 현재 ○○에서 장학 사업 및 불우이웃 돕기 사업 등을 수년째 해 오고 있는 ○○○ 사장에 대해 알고 계십니까?
① 알고 있으며 호감이 감 ② 알고 있으나 호감이 가지 않음
③ 잘 모름

15-1. ○○○ 사장에 대해 호감이 가는 부분을 한 가지만 고른다면?
(14번 질문의 1, 3번 응답자)
① 지역 개발 능력이 있을 것 같음
② 주민에 대한 봉사 자세가 되어 있는 것 같음
③ 깨끗하고 개혁 정치를 할 것 같음
④ 아는 사람이라서 호감이 감
⑤ 잘 모름

15-2. ○○○ 사장에 대해 호감이 가지 않는 부분을 한 가지만 고른다면? (14번 질문의 2, 3번 응답자)
① 기업가 출신이라 정치를 잘 모를 것 같음
② 청렴하거나 개혁적이지 못할 것 같음
③ 주민 생활환경보다는 중앙정치에만 신경 쓸 것 같음
④ 잘 모르는 사람이라서 호감이 안 감
⑤ 잘 모름

16. ○○ 출신으로 전 ○○○를 지내고, A당 후보로 출마하였던 △△△에 대해 알고 계십니까?
① 알고 있으며 호감이 감   ② 알고 있으나 호감이 가지 않음
③ 잘 모름

17-1. △△△에 대해 호감이 가는 부분을 한 가지만 고른다면?
(17번 질문의 1, 3번 응답자)
① 지역 문제 해결 능력 ② 깨끗하고 개혁적
③ ○○ 지역에 오랫동안 살아온 점
④ 아는 사람이라서 호감이 감 ⑤ 잘 모름

17-2. △△△에 대해 호감이 가지 않는 부분을 한 가지만 고른다면? (17번 질문의 2, 3번 응답자)
① 중앙 정치에만 주로 신경 쓸 것 같음
② 지역 발전 능력 부족
③ 잘 모르는 사람이라서 호감이 안 감 ④ 잘 모름

18. □□□ 현 단체장(지역의원)과 ○○○ 사장 중 단체장(지역의원)으로 누가 더 적합하다고 생각하십니까?
① □□□ 현 (단체장 또는 지역의원) ② ○○○ 사장
③ 기타 다른 인물
④ 잘 모름

19. 만약 내년 지방선거에서 A당 후보로 현 (단체장 또는 지역의원) □□□과 B당 후보로 기업 경영자 출신의 ○○○ 사장이 출마하여 대결한다면, 어느 후보를 지지하시겠습니까?
① A당 □□□ 후보 ② B당 ○○○ 후보
③ 기타 다른 후보 ④ 잘 모름

20. 통계를 위해 2~3가지만 더 묻겠습니다. 현재 하시는 일은 무엇인가요?

① 자영업

② 사무 관리직이나 전문직

③ 공장 근로자나 판매·서비스직 또는 일반 작업직

④ 농업·축산업·임업·어업 ⑤ 가정주부

⑥ 학생

⑦ 그 밖의 다른 경우

21. 지금까지 이 지역에서 사신 지가 대략 얼마나 되십니까?

① 5년 미만

② 5~10년 사이

③ 10년 이상

22. 마지막으로, 지난 2012년 대선에서 다음 중 어느 후보를 지지하셨습니까?

① 새누리당 박근혜 후보

② 민주당 문재인 후보

③ 무소속 ○○○ 후보 ④ 기타 다른 후보

⑤ 투표하지 않았음 ⑥ 잘 모름

끝까지 응답해주셔서 대단히 감사합니다.

선거 전략서 작성법

선거 준비의 토대가 되는 선거 전략은 반드시 문서로 작성되어야 한다. 선거 전략서를 작성하려면 앞서 설명한 여러 자료들이 바탕이 된 전문적인 결론이 도출되어야 한다. 그러기 위해서는 출마하려는 선거구의 현황과 특성, 나와 경쟁 후보에 대한 분석 등을 통해 당선하려면 어느 정도 득표를 해야 하는지 그리고 득표를 위한 지역별·계층별 공략 방안은 무엇인지 명확히 정리되어야 한다. 선거운동에 있어서 나침반 역할을 할 선거 전략서가 있어야 후보자와 참모는 방향을 잡고 과학적인 선거운동을 할 수 있다.

　선거 캠페인 과정에서 흔히 볼 수 있는 경우가 "사공이 많아 배가

산으로 가는 경우"다. 선거과정에서 도움을 주겠다는 친척, 가족, 동문 등 다수의 지인이 찾아오고 후보에게 조언해주게 된다. 후보는 이런 과정에서 지인의 조언을 무시할 수 없는 경우가 많다. 상황이 어려운 경우에는 더욱 외부의 조언에 귀 기울이게 된다. 선거 전략을 초반에 문서로 작성해놓고 후보와 참모가 함께 숙의한다면 선거과정에서 수많은 '사공들'의 유혹에 벗어날 수 있게 될 것이다.

캠프 내부에서도 캠페인의 성과를 측정하는 기준이 선거 전략서가 된다. 예비후보로 등록하고 선거운동을 시작하게 된다. 언론인터뷰를 진행하고 예비후보자 홍보물을 배포하고 거리에서 후보가 유권자에게 명함을 나눠주고 인사를 하게 된다. 그 이후 여론조사 등을 실시하여 선거 전략서를 기준으로 캠페인을 평가할 수 있게 된다.

그렇기 때문에 선거 준비 단계에서 지역 조사 등이 더욱 철저히 준비되어 있어야 한다. 지역과 후보에 대한 조사가 잘 되어 있을수록 제대로 된 전략서를 작성할 수 있다. 선거 전략서를 너무 어렵게 생각할 필요는 없다. 초기에는 다소 어설프더라도 지속적인 조사와 분석을 통해 보완해 나가면 된다. 선거 전략서는 한 번에 작성할 필요도 없다. 추가적인 조사 등을 통해서 버전을 달리해서 계속 보완해 작성하는 것도 좋은 방법이다.

box

선거 전략서 사례

1. ○○ 지역구 현황 및 분석

(1) 지역 일반 현황 자료 찾기: 〈행정백서〉

① ○○ 지역구 개괄

- 면적: 총 면적은 16.84㎢(서울시 전체 면적의 2.8%), 20개동 중 가장 넓은 동은 A동으로 면적이 2.32㎢이며, 가장 작은 동은 B동으로 0.32㎢, 용도지역별로는 주거지역 9.62㎢, 상업지역 0.28㎢, 준공업지역 2.12㎢, 자연녹지지역 4.47㎢로 구성됨
- 인구: 331,327명
- 주민 조직: 20개동/523통

② 주요 사회복지시설 현황

	내용	개소
노인시설	경로당	6
	경로 식당	6
	공동 작업장	2
	노인 교실	20

여성시설	내용	개소
	부녀 교실	1
	여성복지상담소	1
	여성 복지관	0
	일하는 여성의 집	0

아동 청소년 시설	내용	개소
	어린이집	118
	놀이방	30
	청소년 독서실	4
	영아원	1

→ **'여성 복지관', '일하는 여성의 집'은 지역 공약으로 활용 가능**

• 복지관

   – A종합사회복지관: 1일 이용 인원 700명

   – B장애인종합복지관: 1일 이용 인원 300명

• 문화원

   – 정보문화센터: 도서실, 열람실, 컴퓨터 교육장 등

   – 문화광장: 야외공연장, 분수대 녹지공간 등

③ 예산안

• 재정 자립도: 42.4%(서울시 25개 구 중 15위)

• 2010년 예산 총액: 143,410,000,000원

(2) 지역 유권자 현황 자료 찾기: ⟨행정백서⟩

① 인구 통계 및 유권자수

동명	세대수	동	인구수			유권자수		
			계	남	여	계	남	여
A동	0.000	0.000	0.000	0.000	0.000	0.000	0.000	0.000
B동	0.000	0.000	0.000	0.000	0.000	0.000	0.000	0.000
C동	0.000	0.000	0.000	0.000	0.000	0.000	0.000	0.000
D동	0.000	0.000	0.000	0.000	0.000	0.000	0.000	0.000

② 연령별 분포 특성

지역	유권자 연령대			
○○지역	20대	30대	40대	50대 이상
	25%	27%	20%	28%

2. 역대 선거 분석

(1) 역대 선거 투·개표 현황 자료 찾기: 중앙선관위 선거통계시스템

① 대선

대선	선거인 수	후보자별 득표 수				투표율
		투표자 수	○○○후보	△△△후보	□□□후보	
	○○○명	○○○명	○○○명	○○○명	○○○명	0.0%
	0.0%	0.0%	0.0%	0.0%	0.0%	

② 총선

총선	선거인 수	후보자별 득표 수				투표율
		투표자 수	○○○후보	△△△후보	□□□후보	
	○○○명	○○○명	○○○명	○○○명	○○○명	0.0%
	0.0%	0.0%	0.0%	0.0%	0.0%	

③ 시장 선거

시장 선거	선거인 수	후보자별 득표 수				투표율
		투표자 수	○○○후보	△△△후보	□□□후보	
	○○○명 0.0%	○○○명 0.0%	○○○명 0.0%	○○○명 0.0%	○○○명 0.0%	0.0%

→ **선거구별, 투·개표소별 현황표도 동일한 요령으로 작성**

(2) 투표 결과 분석

① 역대 선거별 평균 투표율

평균 투표율	전체	대선	총선	시장	구청장
	60.4%	78.9%	62.9%	55.1%	57.3%

투표율로 보아 대선이 가장 높고 시장 선거가 가장 낮으며, 점차 낮아지는 추세임

② 득표 결과 분석

- 평균 득표율 최고는 구청장 선거(51.0%)이고, 최고 득표율은 국회의원 선거 (40.7%)
- 2강 대결 구도나 시장 선거, 대통령 선거 등 정치적 상징성이 높은 선거에서 득표 율이 높게 나타남

③ 예상 투표율 및 득표 목표

- 이번 선거의 예상 투표율은 50%
- 당선 확실 득표율 50% 고려 시,
  - 예상 투표자수: 74,088명
  - 득표 목표: 37,000명

(3) 유권자 관심 사항 분석

① 역대 선거 후보자 지역 공약 사항

선거구분	후보자	공약 내용	해결 여부
구청장 선거	○○○후보	주택 재개발 사업 마무리	해결 안 됨
		주차난 해소를 위한 지역별 공영주차장 건설	해결됨
		재래시장 구조 개선 사업	진행 중
	△△△후보	어린이 보호구역 내 유흥업소 철저 단속	해결됨
		대중교통 시스템 위주 개편	진행 중
		맞벌이 부부 자녀 교육 고민 해결	해결 안 됨

② 지역 주민 관심 사항

동별	후보자	비고
A동	○○초등학교의 진입로 문제	
B동	마을버스 노선 증설	
C동	주택 지역 공용 주차장 신설	

3. 경쟁자 비교 분석 자료 찾기: 지역 신문 및 방문 조사

성명(당명)	신상명세		강점	약점
○○○ (A당)	생년월일	○○○○ 8월 20일생	• 성공한 CEO	• 엘리트 이미지
	연령	만 44세	• 젊음과 능력	• 서민 정서 경험
	본적	전남 보성	• 개혁성과 참신성	부족
	학력	××고	• 호남 유권자 공략 유리	• 지역 당원 조직
		××대학교	• 현직 구청장과 친분	과의 연계 부족
		××대학원 경영학 박사	• 언론 활동을 통한 인지도	
	주요경력	××주식회사 대표		
		시사평론가 활동		

4. 전략 과제 설정

(1) 전략 목표

① 예상 득표 수 74,088명(예상 투표율 50% 기준)

• 2강 구도일 경우(기존 선거 평균 득표율 50%, 45%, 5%)

: 37,009명(선거구 전체 11개동 기준, 1개동 평균 3,364명)

• 3강 구도일 경우(기존 선거 평균 득표율 35%, 30%, 30%)

: 25,906명(선거구 전체 11개동 기준, 1개동 평균 2,363명)

(2) 기본 전략 계획

① 유리한 대립 구도의 형성

• A당 후보, B당 후보, C당 후보의 3강 구도에서 2강 구도로 전환

• 3강 구도 시 A당 필패론 확산을 통해 2강 구도로 전환

• C당 조직과 지지층을 흡수하면 부동층의 기대감과 시너지 효과가 기대됨

• B당 견제론을 통해 A당 후보 지지층 확산

② 지지층 확보 방안

• B당의 지지층을 흡수할 수 있는 보수적 인물의 출마 유도, 지지층 분열 기대됨

③ 인물론 대비를 통한 홍보

• A당 후보의 참신성, 능력을 적극 홍보

• B당 후보의 구시대 정치인 이미지와 C당 후보의 경험 부족 등을 활용

④ 지역 발전 견인력을 통한 홍보

- 전문 CEO 경력을 통해, 지역 발전 수행을 이끌어 갈 수 있음을 홍보
- 40대 기수론을 통해, 지역 발전과 변화 추진력 강조

(3) 계층별 전략 계획

① 고정 지지층 관리

- 당원 및 우호적 단체, 지역 모임 등을 활용하여 지지층을 우선 확보
- 지지층은 향후 선거운동원, 자원봉사자로 활용하거나, 구전 홍보 메신저로 역할, 고정 지지층은 후보와의 면담 등을 통해 네트워크 유지

② 부동층 관리

- 주된 부동층인 D 지역 출신에 대한 관리 필요
- 지역 순방 시, D 지역 유지를 수행 인력으로 확보하여 관계 호전에 노력해야 함

③ 계층별 부동층 관리 전략

- 20, 30대층에게는 후보의 전문성, 개혁성을 강조하여 미래 지향적 정치 지도상을 부각
  - 향후, 온라인 등을 활용하여 투표 참여 운동 진행
- 40세 이상 여성층과 50대 이상 남성층은 안정적이고 서민적 이미지로 접근해서 인지도를 제고해야 함
- 특히 50대 이상 남성층에게는 노인복지, 지역 개발 등 현안에 대한 명쾌한 대안 제시 필요

box

주관식형 선거 전략서

1. 나는 왜 선거에 출마하는가?

① 출마에 확신이 있는가? ② 나의 메시지는 무엇인가?

③ 당선된다면 기존의 당선자들과 다른, 어떤 성취를 할 수 있는가?

④ 내세울 이슈는 무엇인가?

2. 후보로서 나는 어떠한 자격을 가지고 있는가?

① 유권자들에게 좋은 인상을 줄 수 있는 경력을 보유하고 있는가?

② 나에게 약점이 있다면 그 약점을 중화시켜 유권자들에게 내가 자격이 있음을 설득할 수 있는가?

③ 지역구를 위하여 지금까지 나는 무슨 일을 했는가?

3. 나의 가장 큰 상대는 누구인가?

4. 나의 정당은 자산인가? 핸디캡인가?

5. 내가 출마하려는 지역에서 가장 최근에 있었던 선거의 투표 경향은 어떠한가?

6. 효과적인 선거 캠페인을 펼치기 위해 필요한 자금을 조달할 수 있는가?

7. 믿을 만한 자원봉사자들을 확보할 수 있는가?

8. 신문, 방송 등 대중매체의 지지를 기대할 수 있는가?

9. 지금이 출마의 적기인가? 아니면 상대방에게 패할 가능성이 높은가?

선거 준비 단계의 홍보

후보자는 선거 준비 단계에서부터 꾸준히 자신을 알리는 홍보를 시작해야 한다. 사람을 만나 명함을 받으면 전화번호와 이메일을 데이터베이스에 입력한다. 만난 사람에게 그다음 날 감사와 반가움을 표시하는 문자나 이메일을 보내 그 사람을 내 편으로 만들어야 한다. 한 통의 감사 문자와 이메일이 미래의 단단한 지지자를 만드는 일이다.

한꺼번에 모아서 하면 나중에 커다란 짐이 된다. 매일 습관처럼 하다 보면 자신도 모르게 상당한 인맥이 만들어진다. 데이터베이스는 외부에서 구할 수도 있지만 후보자가 직접 만난 사람들에서부터 시작해야 한다는 사실을 결코 잊어서는 안 된다.

명함 활용하기

개정된 공직선거법에는 입후보 예정자도 예비후보자 등록 이전인 선거일 전 180일부터 사진, 성명, 전화번호, 주소, 학력, 경력 등 기재한 명함을 예비후보자 명함에 준하여 통상적인 배부를 할 수 있도록 했다.

첫째, 명함도 만나서 인사하는 사람에 맞게 다양하게 준비하는 방법도 고려하면 좋다. 어르신을 만나서 인사하게 될 때는 가급적 글자를 크게 디자인한 명함을 드리면 인상적일 수 있다. 시각 장애인을 위한 점자 명함도 상대를 배려하는 태도를 전달할 수 있을 것이다. 20~30대 젊은 층을 위해서 소셜 미디어 채널 주소, 블로그 주소 등을 게재하는 것도 고려해야 한다. 명함에 열차 시간표, 지역 관광정보, 관공서 전화번호 등 선거운동에 이르지 않는 내용을 부수적으로 게재하는 것도 가능하다.

둘째, 명함은 주기보다 받는 것에 더 노력해야 한다. 출마자에게 가장 시급한 것은 자신의 이름부터 유권자에게 알리는 것이다. 일단 출마를 결심한 후보자는 가까운 친인척이나 지인에서부터 모르는 유권자까지 폭넓은 만남을 가져야 한다. 그러나 우리의 제한적 선거법 환경에서는 가가호호 방문이 불가능해 후보가 열심히 다녀도 유권자를 모두 만나기는 어려운 게 현실이다. 따라서 예비후보자 전까지는 많은 사람을 만나려는 노력보다는 소수의 사람과 친밀하게 접촉하는 것이 효율적이다.

자신의 명함을 주면서 동시에 유권자의 명함을 받아서 관리할 필요가 있다. 주부, 대학생, 어르신 등 명함이 없는 유권자를 만날 수 있다. 이런 경우에는 명함 대신 성함, 전화번호 등을 받아서 기록하여 추후 따로 연락을 드리는 것도 필요하다. 출마를 결심했다면 수집한 명함이나 명단을 잘 관리해야 한다. 수집한 명부, 명함을 엑셀 등의 컴퓨터 프로그램을 통해 정리하고, 이 명단은 향후 예비후보자의 홍보물 발송이나 이메일, 문자메시지 발송 등에 효과적으로 사용될 수 있다.

셋째, 유권자의 핸드폰 전화번호 주소록을 통해서 후보의 카카오톡, 소셜 미디어 채널과 연결할 수 있다. 카카오톡 메신저를 활용한다면 사진, 동영상 등 다양한 정보를 무료로 지인에게 전송할 수 있다. 후보의 소셜 미디어 채널을 유권자가 구독할 수 있도록 정보를 주는 것도 명함 배부하면서 얻게 된 유권자 정보를 통해서 가능하게 된다. 카카오톡은 후보의 주소록에 지인의 연락처를 저장하면 자동으로 새로운 친구를 추가할 수 있다. 새롭게 만나서 명함을 받거나 연락처를 받은 분들에게 소셜 미디어 채널이나 블로그 주소 등을 안부인사와 함께 문자메시지로 보내서 구독하게 안내할 수 있다.

블로그와 SNS 활용하기

공직선거법에서는 선거운동을 할 수 있는 사람이나 단체는 언제든지 문자메시지, 전자우편, 인터넷 홈페이지, 인터넷 카페, 블로그 등에 정보나 글을 게시하는 형태의 선거운동을 할 수 있다. 그렇기 때문에 출마를 준비하는 사람은 예비후보 등록 전이라도 온라인 채널을 이용해서 정책홍보, 지지 호소 등의 선거운동에 이르는 내용을 게재할 수 있다.

문자메시지 전송의 경우, 컴퓨터를 활용한 자동동보통신의 방법 (수신대상자가 20명을 초과하거나 그 대상자가 20명 이하인 경우에도 프로그램을 이용하여 자동으로 전송하는 방식을 의미)으로 전송할 수 없다. 자동동보통신의 방법으로는 예비후보자와 후보자만이 전송할 수 있으며 그 횟수도 8회를 초과할 수 없다는 점을 주의해야 한다. 이메일 등 전자우편의 경우도 예비후보자와 후보자 외에는 전송대행업체에 위탁하여 전송할 수 없다.

선거 준비 단계에서는 누구나 쉽게 자신을 알릴 수 있는 장소로 온라인 공간을 최대한 활용해야 한다. 개인 블로그와 페이스북, 트위터, 인스타그램, 유튜브 등 다양한 소셜 미디어 채널을 선택해 운영하여 유권자들이 쉽게 정보를 구독할 수 있도록 콘텐츠를 운영하면 좋다. 특히, 언론매체 등에서 지역 출마 예정자 관련 기사가 나올 때, 유권자들이 가장 많이 하는 행위가 포털 사이트의 검색이다. 네이버, 카카오 등의 검색 포털에 자신과 관련된 글이 잘 검색되어 노출되기 위해서는 개인블로그를 잘 활용해야 한다.

명함 등에 개인블로그 주소, 카카오톡 아이디, 유튜브 채널 이름 등 정보를 게재하여 방문을 유도하도록 해야 한다. 지역을 돌아다니면서 만나는 사람마다 자신의 출마 목적, 어떤 정책을 하고 싶은지 길게 이야기를 할 수 없다. 명함을 주고받으면서 인사를 나눌 때, 간단한 인사와 이미지로 상대에게 어필하고 좀 더 자세한 내용은 블로그 등에 방문해줄 것을 요청하는 것이 좋다.

행사장 등에서 인사를 나눈 지역 주민들과 핸드폰으로 사진 촬영을 많이 하자. 스마트폰의 카메라 기능이 좋아서 모두 쉽게 사진을 촬영하고 친구들과 사진 파일을 카카오톡이나 SNS 등에 공유하고 있다. 명함으로 인사를 나눈 분들과 사진을 찍어 두면 나중에 얼굴을 기억하기 쉽다. 간혹 다른 행사장에서 만났는데 후보가 기억을 못해 상대를 곤란하게 하는 경우가 종종 있다. 이럴 때 사진을 찍어두면 나중에 확인하기에도 좋다.

사진을 찍어놓으면 으레 상대방이 사진 파일을 보내달라고 요청하는 경우가 많다. 카카오톡이나 문자메시지 등으로 공유해 전송할 수도 있다. 그러나 사진 파일을 블로그나 페이스북 등 소셜 채널에 게재하고 다운받을 수 있도록 알려 드리면 방문해서 후보의 다른 정보도 볼수 있게 된다.

지역의 포털카페에 가입해 자신을 알릴 수 있다. 지역의 아파트입주민 카페, 엄마들의 모임인 맘카페, 지역 애견동호회 등 다양한 온라인 카페들이 존재한다. 많게는 1~2천 명의 회원을 가진 곳도 있고 수십만 명의 회원을 가진 매머드 카페도 다양하게 있다. 선거를 앞두고 후보자들이 가입하게 되면 신규 가입 제한을 하는 곳도 더러 볼 수 있기때문에 선거 준비 단계에서 미리 회원가입을 하고 가벼운 인사글 게재등으로 소통을 하자. 카페 회원들이 게시한 글 내용을 잘 모니터링하면정책을 마련하는 계기도 된다. 회원들이 해결하고자 하는 사안이 있다면 앞장서서 알아보고 방법을 제시하고 해결해보자. 카페의 일을 앞장서서 해결하는 모습을 보여준다면 좋은 이미지를 얻게 될 것이다. 오프라인 모임이나 행사를 여는 카페도 많이 있다. 온라인뿐 아니라 번개모임, 플리마켓 등 오프라인 행사에 참석해 면대면 인사를 나눈다면 더욱 확실한 이미지 전달의 기회가 된다.

interview 01

소속 정당의 적극적 활동 참여를 통한
당원과의 공감대 형성부터

장상기(서울 강서구 제6선거구 서울시의원)

Q1 경선 준비는 어떻게 했나?

과거는 권리당원+일반당원+일반여론조사를 해왔으나, 바뀐 민주당의 당헌당규로는 지방의원의 경선은 권리당원 100% 여론조사이다. 하지만 선거에 임박하여 권리당원을 모집하는 것은 한계가 있다. 특히 정치 신인에게 권리당원 모집은 힘들 수밖에 없다. 평소에 열심히 활동한 사람을 대상으로 당에서 경선을 붙여주는 것이지, 권리당원을 많이 모았다고 경선을 붙여주는 것은 아니라고 본다.

선거에 출마하기로 마음먹었다면, 권리당원을 모집하기 이전에 정당의 행사, 지역위원회의 행사를 통해 소속 정당의 이해도를 높여야 한다. 지역에서 다양한 활동을 통해 인정을 받고, 소속 정당의 가치를 높일 수 있는 사람이 되는 것이 우선이라고 생각한다. 나 같은 경우에는 사람을 만나더라도, 특별한 일이 없으면 지역구에서 만나기 위해 노력했다. 지역을 중심으로 밤낮으로 활동하는 것만 한 경선 준비는 없다고 생각한다.

Q2 선거를 준비하며 어려웠던 점은 무엇인가?

국회의원, 단체장 선거와는 다르게 기초·광역의원 선거는 체계가 없다고 생각한다. 그러다 보니 혼자서 모든 것을 끌고 가야 한다는 점이 어렵다. 선거에 대해 아무것도 모르는 선거 초년생이라면 선거기획사에 맡기는 것을 추천한다.

나는 이전에 국회의원 보좌진과 참모로 여러 선거를 치른 경험을 가지고 있다. '돈 필요 없는 선거', '조직 필요 없는 선거'를 목표로 유세를 진행했다. 오히려 선거 기간에는 아침과 저녁 인사, 유세, 지역 방문 등 단순한 일정으로 진행되었다. 한편으로 공허함을 느꼈다. 선거에서 후보의 개인 역량은 당선을 이끄는 데 5~10% 정도 좌우할 수 있다고 생각한다. 막상 선거기간에는 많은 것을 바꿀 수 없다. 평소 사람들과의 관계를 잘 맺고, 선거기간에는 최소한의 활동으로 집중해야 한다고 생각한다.

Q3 지방의원으로서의 어떠한 마음가짐을 가져야 한다고 생각하나?

"지방의원은 어떤 사람이 해야 하는가"를 고민해야 한다. 과거에는 돈과 재산이 많은 분들이 지방 정치를 참여했다. 지역에서 오랜 기간 활동해온 분들도 정치를 했다. 아이들의 학교 반장선거만 봐도 변화를 느낄 수 있다. 과거에는 학교에서 반장을 뽑을 때 웅변을 잘하는 학생, 공부를 잘하는 학생, 떡볶이를 사주는 학생이 반장으로 당선되는 경우가 많았다. 지금은 잘난 척하는 학생은 반장이 될수 없다고 한다. 학생들의 의견을 들어주는 후보, 학생들을 위해 일을 잘 할 수있는 후보가 반장이 될 수 있다. 민주주의가 긴 시간을 지나며 정치도 변화하고, 유권자의 생각이 깊어졌다. 유권자를 위해 일을 할 수 있는 마음가짐이 가장 중요하다고 생각한다.

Q4 정치 초년생에게 조언을 해준다면

두 가지를 말하고 싶다. 첫째, 사명감을 갖는 것이 가장 중요하다. 어느 조직에나 소수가 선도해 조직을 이끌고 가는 경우를 많이 볼 수 있다. 소속 정당에 대한 사명감을 갖고 진정성을 갖고 정치를 한다면 그 마음이 유권자에게 전달될 것이다. 두 번째는 내 주변에 있는 한 사람 한 사람 인연을 소중히 생각하라. 정치인으로 지내다 보면, 내 주변에 있는 사람은 소중히 생각하지 않고 새로운 사람 20명을 만나기 위해 노력하는 것을 종종 보게 된다.

하지만 오랜 기간 마음을 나눈 한 사람이 선거에서 큰 힘이 되는 경우가 많다. 내가 무슨 일을 하는지 모르는 것 같지만 생각보다 많은 눈이 나를 지켜보고 있다. 악수 하나에도 마음을 담아, 한 사람에게 최선을 다하며 진정성을 가지고 가슴으로 하는 따뜻한 마음의 정치를 하길 바란다.

Part

02

예비후보 단계

step

09

당내 경선은 이슈와 분위기를
선점할 기회

정당의 경선 선거운동은 당원과 비당원을 대상으로 한 당내 경선을 의미한다. 경선도 공직선거법을 준수해야 하며 위반 시에는 당내 경선이라 하더라도 예외가 없다. 선거법에서는 경선후보자는 경선사무소를 1개소 설치할 수 있으며 예비후보자의 선거운동에 준하여 간판, 현판, 현수막 등을 설치할 수 있다. 후보자 홍보를 위한 명함을 배포할 수 있으나 경선후보자 명함의 경우는 본인만 배부할 수 있다는 것을 유념해야 한다.

경선홍보물의 경우는 해당 정당이 정한 경선선거인 수에 3%를 더한 수 이내에서 발송할 수 있다. 게재사항에는 작성 근거, 인쇄소의 명칭·주소·전화번호를 표시하여야 하며, 앞면에는 '경선후보자 홍보물'이라고 표시하여야 한다.

휴대전화 가상번호를 활용한 여론조사 방식의 당내 경선은 국회에 의석을 가진 정당이 요청할 수 있으며 가상번호 제공요청서를 이동통신사별로 작성하여 관할 선관위로 제출하면 된다. 요청기한은 당내 경선 선거일 전 23일까지, 여론수렴은 여론수렴기간 개시일 전 10일까지이다.

당내 경선후보자로 등재된 이후에는 경선에 참여하지 않겠다는 의사표시를 서면으로 제출하더라도 선거법 57의2②의 규정에 따라 당해 선거의 같은 선거구에 후보자로 등록될 수 없다. 당원에게만 투표권을 부여하여 실시하는 당내 경선에서는 해당 정당의 당헌과 당규가 정하는 바에 따라 당원을 대상으로 경선운동을 할 수 있다. 이 경우 다수의 선거구민이 왕래하는 거리에서 어깨띠, 피켓, 현수막, 모자, 티셔츠 등을 이용하여 경선운동을 하는 것은 선거법에 위반될 수 있다. 경선운동의 기획, 전략 수립, 공약개발 등 경선운동과 관련된 업무에 종사하는 자에게 대가를 제공할 수도 없다.

공천심사 자료 준비에 최선을 다하라

후보자는 당내 경선을 전략적으로 활용하여 이슈와 분위기를 선점하는 기회로 삼아야 한다. 당내 경선을 잘 활용하면 이른바 컨벤션 효과라고 하여 후보의 인지도와 지지도를 높일 수 있는 장점이 있다. 정당

간 후보 단일화를 위한 경선은 선거 구도를 단순하게 만들어 선거 승리의 가능성을 높여준다.

다만 치열한 당내 경선은 적지 않은 후유증을 남겨 본선에서 커다란 타격이 될 수 있기 때문에 이를 극복하기 위한 노력이 필수적이다. 과거, 경선이 처음 도입될 때만 해도 미숙한 실행으로 당원 간 흠집만 남기고 상처를 치유하지도 못한 채 본선을 치러 결국 패한 지역구가 많았다. 경선 문화가 정착되어 가고 있는 지금은 경선 후보 간 정책토론회나 합동토론회 등을 통해 생산적인 정책 대결을 유도하고, 경선 선거인단을 적극적으로 견인하여 일석삼조의 효과를 얻도록 해야 한다.

공천심사 자료 준비에 최선을 다해야 한다. 대게 공천심사 자료는 형식적인 요식행위에 불과하다고 생각하기 쉽다. 그러나 최근에는 당선 경쟁력이나 후보자 이미지 등을 공정히 따져야 한다는 여론이 정치권 내에 제기되고 있으니, 공천 자료는 후보 선정을 하지 못한 당 지도부(공천심사위원회)에게 '중요한 판단의 근거'가 된다. 즉 경선의 부동표를 지지표로 바꾸는 계기가 된다고 볼 수 있다.

후보 홍보물, 후보 여론조사 결과, 선거 전 캠페인 활동 결과, 지역 정책 및 공약, 후원인 추천서 및 서명 등의 자료는 후보를 선정하는 데 있어 객관적인 증빙 자료가 된다. 당선 가능성이 있어 승리가 보장되는 후보를 선택하고자 하는 것이 모든 심사위원의 공통된 심리다. 잘 정리된 공천심사 자료는 지역 언론에 보도자료 형식으로 배포하여 후보의 인지도와 선호도를 높이는 데 활용할 수 있다.

공천심사 자료는 앞서 언급한 선거를 준비하는 과정의 선거 전략서 내용을 중심으로 작성하면 된다. 공천심사 자료를 따로 준비하는 것보다 자신의 선거 전략서를 잘 준비하면 그 내용을 토대로 제출하면 된다. 범죄경력증명서, 재산신고 내역서, 병역증명서 등 각종 서류 역시 후보자 등록 서류를 위해 준비해야 할 내용들이다. 사전에 관련 서류를 검토한다는 생각으로 미납세금 내역 등이 없는지, 범죄경력 중에서 소명해야 내용 등도 준비해야 한다.

당내 경선 자료에 제출하는 내용 중에 주요 경력을 2-3가지 작성해 제출하도록 하고 있다. 주요 경력 사항은 경선 대비 여론조사 등에 후보자의 경력으로 이용된다. 예를 들면, 현재 ○○대학교 교수이면서 전 청와대 비서관 출신인 ○○○후보처럼 사용된다. 그렇기 때문에 경쟁후보자의 경력 사항과 경선 선거인단에게 어필할 수 있는 경력을 잘 선택해야 한다.

주요 경력의 경우는 선거 준비 단계부터 논의할 필요가 있다. 경선 이전이라도 지역에서 후보자로 거론되어 언론기사에서 언급되는 경우가 있다. 지역 언론사에서 후보자들에게 대한 유권자의 관심사를 파악하기 위해 여론조사를 진행해 발표하는 경우도 많다. 이때 사용되는 경력 사항을 사전에 정하고 언론사 기사, 여론조사 등에 노출될 수 있도록 해야 한다.

정당의 공직 후보자 추천과정과
경선과정 살펴보기

정당 후보로 선거를 준비하는 경우에는 지역후보와 비례후보로 구분할 수 있다. 정당이 추천하는 비례후보는 정당마다 별도의 추천과정을 거쳐 정하도록 규정하고 있다.

    비례대표 후보 추천은 정당의 전략적 방향에 따라 달라진다. 여성의 정치 참여를 권장하기 위해 여성 비율을 높게 하거나, 청년·장애인 후보 등을 우선 배려하기도 한다. 현재 공직선거법에서는 정당이 지방의원선거에 비례대표 후보자를 추천할 때는 그 후보자 중에 50% 이상을 여성으로 추천하도록 정하고 있다. 비례대표 후보자 명부 순위의 매 홀수에는 여성을 추천해야 한다. 정당이 지역구 후보자를 추천하는 경우에는 30% 이상을 여성으로 추천하도록 노력해야 한다.

지역구 출마 후보의 경우에는 경선지역과 전략지역으로 구분할 수 있다. 경선지역은 해당 정당의 후보자가 2명 이상의 다수인 경우, 정당의 정해진 절차에 따라 국민참여투표, 당원투표 등으로 정한다. 전략지역은 출마를 준비하는 후보가 마땅히 없거나 후보의 당선 경쟁력이 현저히 낮아서 새로운 후보를 외부에서 영입하게 된다.

지역구 출마 후보의 경우에는 정당별로 내부적 절차가 까다롭다. 지역구 후보는 크게 후보자 추천과정과 후보자 경선과정으로 구분된다. 후보자 추천과정에서는 소속 정당 후보자로서 자격을 검증하게 된다. 후보자의 경력, 사회활동, 지역기반, 정책과 공약 등을 두루 살펴보고 때로는 후보자 면접과정을 거치기도 한다. 후보자 추천과정에서

무소속 후보자의 선거별 법정 추천인 수 규정

선거명	법정 추천인 수	비고
시·도지사 선거	1,000인 이상 2,000인 이하	당해 시도안의 1/3 이상의 자치구·시·군에서 나누어 받되, 하나의 자치구·시·군의 50인 이상
자치구·시·군의 장선거	300인 이상 500인 이하	
지역구·시·도의원선거	100인 이상 200인 이하	
지역구·자치구·시·군의원 선거	50인 이상 100인 이하	인구 1천인 미만의 선거구: 30인 이상 50인 이하

더불어민주당 공직후보자 추천 관련 기구

기구명	시기	기능
공직선거후보자검증위원회	중앙당(선거일 150일 전 설치): 국회의원, 시도지사 시·도당(선거일 120일 전 설치): 지방의회의원 및 구·시·군의 장 선거	후보 자격 심사 및 도덕성 검증
전략공천위원회	국회의원, 시도지사 선거일 120일 전 설치	
공직선거후보자추천관리위원회	중앙당 및 시·도당(선거일 100일 전 설치)	경선 관리, 감독
비례대표후보자추천관리위원회	중앙당 및 시·도당(선거일 60일 전 설치)	
선출직공직평가위원회	평가일 90일 전 구성	임기 전반기 종료 후 100일 내와 후반기 종합 평가해 선거일 100일 전까지

동일한 선거에 후보자가 2인 이상일 경우에는 후보자 경선과정을 진행하게 된다.

　후보자 추천과정과 경선과정을 거쳐 정당에서는 후보자 추천서(이른바 공천장)를 발급해준다. 정당 후보자는 선관위 후보자 등록 서류에 정당의 후보자 추천서를 반드시 제출해야 한다. 무소속 후보자는 선거별 추천인 수를 충족하는 선거권자의 후보자 추천장을 제출해야 한다.

　예비후보 등록 전에 후보자 사전 검증을 통해서 정당 소속의 예비후보자 등록을 제한하기도 한다. 정당 출마예정자의 자격심사와 도덕성 검증을 위해 '공직선거후보자검증위원회'를 구성하고 검증한다. 제명 및 당원자격정지 등 징계경력, 경선 불복 경력, 음주운전 등 민생 범죄, 성범죄 등 보유 여부를 검증하게 된다. 금고 이상의 형을 선고받은 강력범, 성범죄 관련 신상정보 공개 대상자 등에 대해서는 원천적으로 배제 원칙을 정해서 후보자 등록을 할 수 없게 한다.

정당 공천을 위한 조직은 따로 있다

피라미드 형태로 거미줄처럼 이어진 정당의 조직은 인체의 혈관과도 같다. 당내 경선은 일종의 조직 싸움이라고 할 수 있다. 후보자 혼자서 할 수 있는 일에는 한계가 있다. 정당은 조직 구성원이 여론을 형성하고 전파한다.

후보자는 당직을 갖도록 노력하고 당내 행사에는 빠짐없이 참여함으로써 당에 대한 기여도를 제고해야 한다. 지역 내에서 실시되는 각종 행사 일정을 파악하여 참여함으로써 위상도 높여야 한다. 어느 날 갑자기 입당을 조건으로 공천을 달라고 하면 당내에서 공천을 받기 위해 성실히 일해온 당직자들의 반발이 심할 것은 불 보듯 뻔하다.

현재 정당법상으로는 시·도당이 정당의 최일선이다. 시·군·구, 읍·면·동·국회의원 선거구 단위에 당원협의회를 둘 수는 있다. 하지만 결국 공식적인 정당의 최일선은 해당 시·도당이다. 최근의 추세는 지방선거의 경우 공천권을 시·도당에 위임하는 정당이 늘어나고 있다.

그렇기 때문에 시·도당의 간부, 또는 지역별로 유력한 정당 관계자와 친분을 쌓아나가야 한다.

공천도 사람이 하는 일이라는 것을 명심하자. 당내 경선이 당원 투표나 당원 대상 여론조사로 이루어질 경우 대부분의 정당이 핵심 당원을 그 주체로 한다. 본인이 직접 받은 당원의 입당원서는 추후 경선에서 든든한 후원 세력이 된다. 한국인의 정서상 지지할 의사가 없는 사람에게 입당원서를 써주지는 않는다. 부지런히 발품을 팔아 꾸준히 입당원서를 받으면 묵시적인 선거운동 효과도 있을 것이다.

하지만 현행 정당법상 당비 대납은 금지되어 있으며, 선거법상 입당원서를 받을 때 본인에 대한 지지와 호소도 금지되어 있음을 유의해야 한다. 한편 각 정당마다 평상시에 당비를 납부하는 핵심 당원뿐 아니라 일반 당원에게도 일정한 투표권을 부여하는 추세이므로 경선 직전까지 꾸준하게 입당원서를 받는 것이 좋다.

box

더불어민주당 21대 총선 공천심사 및
경선 방법 주요 내용

(2019년 5월 29일, 제47차 당무위원회의 의결 내용 참고)

1. 선거권과 피선거권

• 선거권

- 국민: 선거일 확정일 현재 19세 이상인 대한민국 국민 중 선거인 명부에 올라 있는 자

- 권리당원: 당규 제2호 제5조 제1항 규정상의 권리를 취득한 당원 중 선거인 명부에 올라있는 자

> **당규 제2호 당원 및 당비 규정**
>
> **제5조(선거권)** ①권리행사 시행일로부터 6개월 이전까지 입당한 권리당원 중 권리행사 시행일 전 12개월 이내에 6회 이상 당비를 납부한 권리당원에게 공직 및 당직 선거를 위한 선거인 자격 및 추천을 위한 권리를 부여한다.
>
> ②권리행사 시행일은 경선일과 선거일 등을 말하며 구체적인 권리행사 시행 시점은 최고위원회 또는 최고위원회로부터 권한을 위임받은 중앙당선거관리위원회에서 정한다.

〈제21대 총선을 위한 권리행사 시행일 지정(案)〉

- 권리행사 시행일: 2020년 2월 1일

- 2019년 7월 31일까지 입당한 권리당원 중 2019년 2월 1일~2020년 1월 31일 까지 당비 6회 납부한 자
- 당비체납처리금지 기간: 2019년 10월 1일 이후 → **권리행사기준 시점 4개월 전**

• 피선거권
- 당규 제10호 제27조의 1항의 권리당원 : 신청일 현재 권리당원으로서 당적을 보유하고 있는 자

당규 제10호 공직선거후보자 추천 규정

제27조(자격) ①공직선거후보자로 추천받고자 하는 자는 공직선거법, 당헌 또는 윤리규범에 위반되지 아니하여야 하며, 이 규정상의 피선거권이 있고 신청일 현재 권리당원으로서 당적으로 보유하여야 한다. ③공직선거후보자로 추천이 된 자는 성평등 교육을 1시간 이상 이수하여야 한다.

2. 공직선거 후보자 부적격 심사 기준 정비

• 후보자 검증 기준 강화

〈예외 없이 부적격〉

• 살인, 치사, 강도, 방화, 약취유인, 마약류 등 강력범

• 뺑소니 운전(특가법 적용 '도주운전자')

• 성폭력 및 성매매 범죄 경력에 대해서는 기소유예를 포함하여 형사처분 시

〈벌금 이상 유죄판결〉

• 성풍속 범죄, 가정폭력, 아동학대에 대해서는 기존 '금고 및 집행유예 이상' 보다 강화된 '형사처분으로 인한 벌금 이상의 유죄판결' 시 부적격 처리

〈음주운전 관련 기준 강화〉

• 음주운전·무면허 운전 관련 △선거일 전 15년 이내 총 3회, 최근 10년 이내 2회 이상인 경우 부적격 처리

• 윤창호법(특가법, 18년 12월 18일부터 시행) **개정 이후 음주운전 면허취소 처분 시 부적격 처리**

〈기타〉

• 부적격 심사 기준 규칙에서 강력범에 포함된 '절도'를 파렴치 및 민생범죄로 이동

• 병역기피는 본인의 병역법 위반

• 이 외에 기준은 2018지선 부적격 검증 규칙 준용하되, 구체적인 심사적용 기준 등은 규칙으로 정함

※ 부적격 기준에 해당하는 후보라도 해당 공직선거후보자검증위원회의 재적위원 3분의 2 이상의 찬성과 최고위원회의 의결로 예외를 인정할 수 있음(당규제10호 제6조제9항)

• **부적격 기준 구체적 적용 규칙**

구분	내용	부적격 기준
사고위원회 판정	당무감사로 인한 사고위원회 판정	판정일로부터 5년
징계 경력보유자	당 윤리위로부터 제명된 자 또는 당원자격정지 징계자	제명: 징계 확정 기준 5년 당원자격정지: 징계 종료 기준 3년
경선불복 경력보유자	모든 당직선거와 공직후보자 선출을 위한 선거에서 그 결과에 불복하는 행위를 한 경력이 있는 자	경선불복 행위 5년 이내 ※ 소명기회를 준 후, 그 자료를 기준으로 판단
강력범	살인, (고의범죄가 결합된)치사, 강도, 방화, 약취유인, 마약류 등	**예외 없이 부적격** ※ 미성년일 때의 범죄의 경우, 본인 소명 후 검증위에서 판단
부정부패	뇌물, 알선수재, 공금횡령, 조세관련	금고 및 집행유예 이상 조세범 처벌법

	법, 변호사법 등 위반	위반, 고액·상습 체납으로 명단이 공개된 경우
선거관련	선거법 위반, 정치자금법 위반	금고 및 집행유예 이상 ※ 본인의 선거운동 관련된 경우에만 적용
파렴치 및 민생범죄	사기, 공갈, 폭행, 절도 횡령, 배임	금고 및 집행유예 이상
	음주운전(측정거부 포함) 무면허 운전	선거일부터 15년 이내 총 3회, 최근 10년 이내 2회 이상 부적격 윤창호법 시행 이후(19.12.18) 음주운전 무면허 운전 면허 취소된 경우 원천배제
	뺑소니 운전(특가법 적용 '도주운전자')	**예외 없이 부적격**
	부정수표단속법	금고 및 집행유예 이상 ※ 회사부도 등 생계형의 경우 고려
	사·공문서 위조 등	금고 및 집행유예 이상 ※병역기피는 본인이 병역법 위반 처벌 받은 경우
	무고	
	입찰, 공사수주	
	도박	
	명예훼손, 허위사실유포	
	병역기피	
성폭력 범죄 등 ※ 성폭력범죄의 처벌 등에 관한 특례법	강간죄, 강제추행죄, 강제유사성교 행위 등 통신매체 이용음란, 공중밀집장소에서의 추행, 카메라 등 이용 촬영, 음행매개, 음화반포, 음화제조, 공연 음란, 아동청소년 이용 음란물 제작, 배포 등	**형사처분 시 예외 없이 부적격 (기소유예 포함)**
성매매 범죄	성매매 행위 성매매 알선, 권유, 유인, 강요 성매매 장소 제공, 성매매에 제공되는 자금, 토지, 건물 제공행위 성매매 목적 약취, 유인, 인신매매 등	

성풍속범죄 ※ 형법 제242조~245조	음행매개 음화반포(음화판매, 임대, 전시, 상영 등), 음화제조, 소지, 유입, 유출 공연 음란죄 등	형사처분으로 인한 벌금 이상의 유죄 판결
가정폭력	「가정폭력 범죄의 처벌 등에 관한 특례 법」에 따른 가정폭력	
아동학대	「아동복지법」에 따른 아동학대 (제17조 금지행위)	
성희롱	「여성발전기본법」, 「남녀고용평등 및 일·가정양립 지원에 관한 법률」에 따 른 성희롱	소속기관 내 징계 혹은 이에 준하는 처 분(민사상 손해배상 포함)

3. 공천심사 기준과 방법(안)

• **심사기준** : 정체성, 기여도, 의정활동 능력, 도덕성, 당선가능성 등을 종합심사

• **심사방법** : 서류심사, 면접심사, 여론조사(공천적합도조사)

• **심사 배점기준**

정체성	기여도	의정활동능력	도덕성	당선가능성 (적합도조사)	면접
15	10	10	15	40	10

※ 심사기준과 방법, 배점기준은 지난 20대 총선 및 7대 지선 시 방법과 동일

4. 공천심사 가·감산 적용 기준과 비율(안)

공천심사 규정	항목	경선 규정	비고
10% 이상 ~ 25% 이하	여성	25% 10% 0%	전·현직 국회의원, 지방자치단체장 또는 지역위원장인 여성후보자 해당 선거구에 신청한 공직과 동일 공직수행후보자
	중증장 애인	25% 10%	장애인등록증 제출(중증) 전·현직 국회의원, 지방자치단체장 또는 지역위원장인 장애인후보자

		0%	해당 선거구에 신청한 공직과 동일 공직수행후보자	
10% 이상 ~ 25% 이하	노인		만 65세 이상	
	청년 (선거일 기준)	25%	만 29세 이하	
		20%	만 30세 이상부터 만 35세 이하	
		15%	만 36세 이상부터 만 42세 이하	
		10%	만 43세 이상부터 만 45세 이하	
		10%	전·현직 국회의원, 지방자치단체장 또는 지역위원장인 청년후보자	
		0%	해당 선거구에 신청한 공직과 동일 공직수행후보자	
	다문화 이주민		신청자 본인일 경우, 北이탈주민 포함	
	사무직 당직자		전·현직 중앙당사무직당직자 및 전·현직시·도당법정 유급사무원 중 4년 이상 근무한 자. 다만 심사일로부터 퇴직 시한이 4년 이내인 자	
	보좌진		8년 이상 당적 유지와 국회등록보좌진으로서 8년 이상 국회근무경력 가진 자	
	공로자		1급 포상자	
10%	교육연수 이수자		·적용 범위: 중앙당 대표 및 교육연수원장/전국위원장, 시·도당 위원장 및 교육연수위원장이 교육연수를 주관하고 발급한 수료증(이수증)을 증빙할 때 가산함 ·적용 기간: 제6회 동시지방선거일 이후(14.6.4)	
10%~20% (신설)	정치 신인	10~ 20%	〈가산점 제외 대상〉 1. 선관위 후보등록을 한 자(당적 불문) (비례후보자 등록 후 미당선자 제외) 2. 당내 경선에 출마한 자(당적불문) 3. 지역위원장	
-25%	중도사퇴 선출직 공직자	-25%	각급 공직에 출마하기 위해 본인의 임기 4분의 3 이상을 마치지 않고 보궐선거를 야기한 선출직 공직자	
-10% 이하	징계 경력자	-15% -25%	당원자격정지: 징계종료일로부터 3년 제명: 징계확정일로부터 5년	※ 가산 대상 제외 탈당자·경선불복경력자·중징계자(제명 및 당원자격 정지 이상의
-10%	탈당 경력자	-25%	선거일 전 150일 기준 최근 4년 이내 탈당한 자 (직업상 이유, 당의 요구로 복당 등 상당한 사유가 있는 경우 달리 적용)	

-10%	경선 불복 경력자	-25%	경선후보자의 자격을 획득 후 탈당하여 무소속 또는 타당 후보로 출마한 경력 (△5년간 후보자 자격 제한(현) △ 5년 이후 경선 감산 적용. 각급 선거 때마 다 계속 적용)	징계를 받은 자)는 가 산 대상 적용제외
-20%	선출직 공직자 평가 결과 하위 20%	-20%		

- 중복의 경우 가산은 가장 유리한 것을, 감산은 가장 불리한 것을 적용

5. 단수 및 경선후보자 선정 기준과 방법(안)

① 단수후보자 선정기준 강화

단수후보자 선정방법(案)

- 심사총점 : 1위 후보자와 2위 후보자 격차가 30점 이상일 때

- 공천적합도(여론조사) : 1위 후보자와 2위 후보자 격차 20% p 이상일 때

② 현역의원의 경우 경선을 원칙으로 함

③ 경선후보자 선정방법(案)

서류·면접 심사결과(공천적합도평가 포함)를 점수화하여 선정하는 것을 기본으로,
해당 공천관리위원회가 종합적으로 판단하여 결정

6. 경선방법

· **경선방법:** 국민참여경선(권리당원+권리당원이 아닌 유권자)

· **경선후보자 수**

- 2~3인 경선을 원칙으로 하되, 해당 공관위 의결로 달리 정할 수 있음

- 경선후보자 수 등을 고려 필요시 1차 경선 실시 후 1차 경선에서 당선된 후보자 대상으로 2차 경선 실시 가능
- 경선후보자의 수가 3인 이상인 경우 최고위원회 의결로 결선투표 또는 선호 투표 가능

· **투표·조사결과 반영비(안)**

- 권리당원선거인단 50%, 안심번호선거인단 50%
- 투표방법(안)

권리당원	모바일 ARS투표 · Out-Bound 2일 5회 유선전화 ARS투표 (휴대번호가 없는 선거인) · In-Bound 1일
안심번호선거인	안심번호에 의한 ARS 투표 2일 5회

- 선거인단 구성(안)

권리당원	해당 선거구의 선거권이 있는 권리당원 전원 무효값 처리 기준 : 선거인단 구성수 300인 미만
안심번호선거인	휴대전화 가상번호를 이용해 구성 무효값 처리 기준 : 300인 미만(20대 총선 기준 동일)

step
11

예비후보자의
선거운동 정리

유권자에게 후보를 가장 자주 드러낼 수 있는 홍보수단 중 하나가 바로 선거사무소 외벽의 선거 현수막 등 선전물이다. 우선 선거사무소의 경우, 예비후보자 등록을 하면 선관위에 신고하고 설치할 수 있다. 선거사무소에 간판·현판·현수막을 설치 및 게시할 수 있다. 이는 자신이 이번 선거에 출마할 것임을 선거구민에게 대대적으로 알리는 첫 신호탄이다.

선거사무소 설치에 있어 우선적으로 고려할 점은 홍보 용이성, 교통접근성, 임대료와 관리비 등의 비용 요소이다. 선거사무소는 단기간 임차하는 것이고, 이러한 조건을 모두 충족시킬 수 있는 장소를 짧은 시간에 구하기는 쉽지 않으므로 미리 선거사무소로 사용할 곳을 물색하여 임시계약을 해둘 필요가 있다.

임시계약을 할 때는 간판·현판·현수막 등의 설치와 게시에 대한 사항도 반드시 사전에 명시해 건물주나 같은 건물에 입주해 있는 업체에 양해를 구해야 한다. 왜냐하면 선거사무소에는 홍보효과 제고를 위해 주로 대형현수막을 게시하게 되는데 이로 인해 같은 건물에 입주해 있는 다른 업체의 창문을 가려 민원 등을 야기할 수 있기 때문이다.

선거사무소 설치 시 유의사항

선거사무소가 같은 건물의 다른 층에 걸쳐 있거나 같은 층에 분리되어 설치되어 있더라도 선거사무소의 기능과 조직에 있어 하나의 선거사무소의 일부로 운영되고 이를 사전에 신고한 경우에는 하나의 선거사무소로 본다. 간판·현판·현수막은 애드벌룬을 이용한 방법으로는 설치 게시할 수 없으나, 야간에 잘 보이게 하기 위해 네온사인·형광 기타 전광에 의한 방법으로 설치·게시할 수 있다.

처음 예비후보자가 선거사무소를 설치할 때는 소규모 조직이지만 후보자 등록 후에는 선거사무원과 자원봉사자 등 많은 사람이 드나들게 된다는 점을 고려하여 적절한 크기의 장소를 확보할 필요가 있고, 전화홍보실·회의실·접견실은 선거사무소 안에 별도 공간으로 마련하는 것이 좋다. 선거사무원 및 자원봉사자들의 사기 진작을 위해 쾌적한 환경의 선거사무소 공간 마련도 중요하다.

선거사무소 사무공간 또는 응접공간에 안마의자, 어린이놀이시설 및 놀이기구를 무상 또는 통산의 금액보다 싼값의 비용을 받고 선거사무관계자, 자원봉사자, 방문객 등이 이용하도록 하는 행위는 위법이다.

tip

선거사무소 외벽 간판·현판· 현수막 설치·게시 관련 사항

☑ **(할 수 있는 사례)**

1. 예비후보자가 해당 정당의 당원·당규에 따라 정당추천 후보자로 확정된 경우 선거사무소 현수막에 "○○○당 후보자 XXX"라고 게재하는 행위

2. 예비후보자의 선거사무소 현수막에 "○○○대통령 또는 ○○○대표님을 도와 묵묵히 일하겠습니다. ○○과 함께 XXX당을 되살리겠습니다"라는 문구를 게재하는 행위

3. 선거사무소 현수막에 자신에게 기표한 '투표용지 모형' 및 '자원봉사자 모집공고 내용'을 게재하는 행위

4. 예비후보자가 자신의 선거사무소 현수막에 해당 지역을 선거구로 하는 다른 선거 후보자가 되려는 사람의 직, 성명을 게재하거나 자신의 사진과 다른 선거 후보자가 되려는 사람의 사진을 나란히 게재하는 경우(다만, 그 후보자가 되려는 사람을 부각하거나 지지, 추천 또는 반대하는 내용을 게재하는 경우 위반)

☑ **(할 수 없는 사례)**

1. 선거사무소 외벽 현수막에 유력인사와 함께 찍은 사진을 합성하는 방법으로 게재하는 행위

2. 선거사무소의 외벽면에 영상장치를 이용하여 후보자의 이미지, 선거구호 등을 표출하는 방법으로 선거운동을 하는 행위

3. 선거사무소 개소식에서 후보자의 경력, 인사말과 같은 의례적인 소개를 위

한 내용 외에 선거슬로건 등 후보자를 지지·선전하는 내용이 포함되는 동영상을 상영하는 행위
4. 예비후보자의 선거사무소 개소식 초청장에 예비후보자 사진과 선전구호를 게재하여 발송하는 행위

tip

예비후보자가 할 수 있는 선거운동

구분	예비후보자	예비후보자가 아닌 후보자가 되려는 사람 (입후보예정자)
선거사무소 설치	• 관할선거구위원회에 신고하고 선거사무소 1개소 설치 가능 ※ 선거사무소에 1개의 선거대책기구 설치 가능	• 선거사무소 설치할 수 없음
선거사무소 간판 등	• 간판, 현판, 현수막 게시 가능 ※규격, 매수(수량) 제한 없음 • 자신을 홍보하는 내용 그 밖에 선거운동에 이르는 내용 게시 가능	• 할 수 없음
유급선거 사무원 선임	• 관할선거구위원회에 신고하고 선서사무장을 포함하여 선임가능인원 범위 안에서 선거사무원을 선임하고 수당·실비지급 가능	• 둘 수 없음

인터넷 홈페이지	• 인터넷 홈페이지를 이용한 선거운동 가능	• 좌동
전화, 말(言)	• 선거일을 제외하고 송·수화자 간 직접 통화하는 방식으로 전화를 하거나 말(확성장치 사용이나 옥외집회에서 다중 대상제외)로 선거운동 가능	• 좌동
전자우편	• 선거운동에 해당되는 내용(그림말·음성·화상·동영상 등 포함) 전송 가능 • 위의 내용을 전송대행업체에 위탁하여 전송 가능 ※ 선거법 82조의5 규정 준수	• 선거운동에 해당되는 내용(그림말·음성·화상·동영상 등 포함) 전송 가능 • 위의 내용을 전송대행업체에 위탁하여 전송 가능
문자메시지 전송	• 문자메시지(음성·화상·동영상 등 포함) 전송가능 • 자동동보통신의 방법으로는 8회까지 가능 ※ 선거법 82조의5 규정 준수	• 문자메시지(음성·화상·동영상 등 포함) 전송 가능 • 자동동보통신의 방법으로는 불가능
명함 배부	• 자신을 홍보하는 내용(학력의 경우 정규학력과 이에 준하는 외국의 교육과정을 이수한 학력)을 게재한 명함을 직접 주거나 지지 호소 가능 • 시장·거리 등 공개장소를 방문하여 명함을 주거나 인사·지지 권유 가능	• 선거일 전 180일(대통령선거의 경우 선거일 전 240일)부터 예비후보자 등록 전까지 배부 가능(선거법 60의3①제2호 준용)
예비후보자 홍보물 발송	• 선거구안의 세대수의 10/100에 해당하는 수 이내에서 신고 후 요금별납의 방법으로 발송 가능	• 할 수 없음
어깨띠 및 표지물 착용	• 선거운동을 위하여 어깨띠 또는 예비후보자임을 나타내는 표지물 착용가능	• 할 수 없음

tip   **18세 유권자의 선거운동**

☑ **(할 수 있는 사례)**

1. 선거운동 하는 시점에 만 18세인 학생이 선거운동을 하는 행위
2. 정당 가입 시 만 18세인 학생이 정당 활동을 하며, 당비를 납부하는 행위
3. 만 18세인 학생이 (예비)후보자의 선거사무원으로 선임되어 학교 밖에서 (예비)후보자와 함께 명함을 주거나 투표해달라고 권유하는 행위
4. 페이스북, 트위터, 유튜브 등을 이용하여 선거일을 포함해 선거운동하는 행위

☑ **(할 수 없는 사례)**

1. 다른 교실을 돌아다니면서 (예비)후보자의 선거운동을 하는 행위
2. 정당의 공약홍보물 등 특정 정당의 정책을 지지·추천하는 내용이나 정당의 명칭이 기재된 책자와 같은 인쇄물을 배부하는 행위
3. 동아리 명칭 또는 동아리 대표(회장) 명칭을 사용하여 선거운동하는 행위

예비후보자의 홍보 전략

최근 선거법 개정에 따라 후보자가 되려는 사람도 선거일 전 180일(대통령선거의 경우 선거일 전 240일)부터 해당 선거의 예비후보자 등록신청 전까지 예비후보자의 명함 배부 방법에 준하여 자신의 명함을 직접 줄 수 있다. 게재사항에는 예비후보자의 성명, 사진, 전화번호, 학력, 경력 기타 홍보에 필요한 사항이다.

단, 예비후보자를 '후보자'라고 게재할 수 없다. 다만, 예비후보자가 해당 정당의 당헌, 당규에 따라 정당추천 후보자로 확정된 경우는 가능하다. 기호가 결정되기 전이라도 기호를 알 수 있는 때는 게재할 수 있다. 학력의 경우, 정규학력과 이에 준하는 외국의 교육과정을 이

예비후보자의 명함 배부의 법적 기준

구분	단독으로 할 수 있는 사람	예비후보와 함께 다닐 때만 할 수 있는 사람
예비후보자	○	
배우자	○	
직계존비속	○	
선거사무장	X	○
선거사무원	X	○
활동보조인	X	○

수한 학력을 말한다. 국내 정규학력에 준하는 외국의 교육기관에서 이수한 학력을 게재하는 경우에는 각각의 그 교육과정명과 수학기간 및 학위를 취득한 때의 취득학위명을 기재하여야 한다.

명함의 배부 방법은 예비후보자, 예비후보자의 배우자(배우자가 없는 경우 예비후보자가 지정한 1인)와 직계존·비속, 예비후보자와 함께 다니는 선거사무장·선거사무원·활동보조인·예비후보자가 그와 함께 다니는 사람 중에서 지정한 1명은 예비후보자의 명함을 직접 주거나 지지를 호소할 수 있다. 예비후보자의 명함을 배부할 수 있는 배우자(배우자가 없는 경우 예비후보자가 지정한 1인) 및 직계존·비속은 선관위에 신고해야 하며, 예비후보자가 그와 함께 다니는 사람 중에서 지정한 1명은 신고하지 않아도 된다.

선박, 정기여객자동차, 열차, 자동차 항공기의 안과 그 터미널, 역, 공항의 개찰구 안, 병원, 종교시설, 극장의 옥내에서는 배부가 금지되어 있으니 주의해야 한다. 특히 관공서나 공공기관의 민원실에서 명함을 배부하거나 지지를 호소하는 것은 가능하나, 공공기관의 내부 사무실 등을 방문하여 명함을 배부하거나 지지를 호소하는 행위는 호별방문에 해당되어 위반된다.

홍보물 발송에도 전략이 필요하다

예비후보자는 선거구에 있는 전체 세대수의 10%에 해당하는 세대에 예비후보자 홍보물을 발송할 수 있다. 대통령선거는 총 16면 이내이며 지방자치단체장선거 및 지역구지방의회의원선거는 총 8면 이내에서 제작할 수 있다.

대통령선거 및 지방자치단체장의 예비후보자는 표지를 포함한 전체 면수의 100분의 50 이상의 면수에 선거공약 및 이에 대한 추진계획으로 각 사업의 목표, 우선순위, 이행절차, 이행기한, 재원조달방안을 게재하여야 하며, 이를 게재한 면에는 다른 정당이나 후보자가 되려는 사람에 관한 사항을 게재할 수 없다. 발송은 선거기간개시일 전 3일까지이며 발송횟수는 제한이 없으니 나누어서 발송해도 무방하다.

예비후보자 홍보물을 발송하는 데 있어서 가장 중요한 것은 발송대상으로 누구로 할 것인가를 정하는 것이다. 특히, 예비후보자의 인지도가 낮은 경우 홍보물 발송을 통해서 인지도 상승 기회를 얻을 수 있을 것이다. 홍보물의 내용을 통해서 경쟁 후보와 차별화된 이슈를 제기하고 선거를 주도적으로 이끌어갈 수 있을 것이다.

일반적으로 예비후보자 홍보물 발송 시 사용할 세대주 명단은 구·시·군의 장에게 신청할 수 있다. 신청시에는 지역별, 연령별, 성별 등의 조건을 정하여 신청할 수 있기 때문에 어떤 대상에게 보내야 할 것인지 전략적 논의를 해야 한다. 일반적으로 시·군·구청에서 받은 명단을 활용하여 발송하지만 꼭 이 명단에 의해서만 보낼 필요가 없다. 즉, 별도로 관리하고 있는 명단을 활용하여 각종 단체의 간부 등 여론주도층, 소속정당의 당원에게 빠짐없이 보내서 홍보 효과를 극대화하는 것도 좋은 전략이 될 것이다. 예비후보자 단계에서는 일반 유권자들의 관심은 본선거운동 기간보다 낮을 수밖에 없다. 지역 여론주도층이나 당원들에게 홍보물을 보내면 일반 유권자보다 상대적으로 빠르게 내용이 확산될 수 있다.

발송 시기도 전략적 고민이 필요하다. 정당의 공천 일정 등을 고려해서 자신의 인지도가 낮아 경선에서 불리하다면 경선 이전에 배포하면 좋다. 그러나 공천이 확정적이거나 단수 공천일 경우에는 선거개시일 3일 전까지 최대한 늦추어 발송하는 것이 가장 좋다. 너무 임박해서 발송할 경우에는 반송 수량에 대해서 재발송을 할 수 없게 된다. 주소지 정보의 문제 등을 반송되는 홍보물의 경우는 해당 수량만큼 추가로 발송할 수 있다는 것을 고려해야 한다.

tip

예비후보자 공약집과 선거공약서 비교

구분	예비후보자 공약집	선거공약서
주체	대통령선거, 지방자치단체의 장선거의 예비후보자	대통령선거, 지방자치단체의 장선거의 후보자
면수	면수·규격 제한 없음 도서 형태로 발간(전자책 형태도 가능)	대통령 선거 32면 이내 시·도지사 선거 16면 이내 자치구·시·군의 장 선거 12면 이내
배부수량	제한 없음	해당 선거구 안에 있는 세대수의 10/100 이내
배부방법	통상적인 방법 판매(방문판매 금지)	• 후보자와 그 가족, 선거사무관계자, 활동보조인 • 우편발송, 호별방문, 살포금지 (점자형 선거공약서는 우편발송가능)
홍보에 필요한 사항	표지포함 전체면수의 10/100 이내	1면 이내
신고·제출	관할선거구선관위에 발간 즉시 2권 제출(미제출시 100만 원 이하 과태료)	• 배부일 전일까지 관할선거구선관위에 2부 첨부하여 서면신고 (미신고시 200만 원 이하 과태료) • 배부 전까지 구시군선관위에 2부 제출(미제출 시 100만 원 이하 과태료)
필수 기재 사항	• 앞면: '예비후보자 공약집', 선거명, 예비후보자 성명, 소속 정당명(무소속)	• 앞면: '선거공약서', 선거명, 후보자 성명, 소속 정당명(무소속) • 맨 뒷면: 작성 근거, 인쇄소의 명

	• 맨 뒷면: 작성 근거, 판매가격, 출판사(인쇄소)의 명칭, 주소, 전화번호	칭, 주소, 전화번호
선거비용 여부	선거비용에 해당되지 않음	선거비용에 해당함
금지행위	다른 정당·후보자(후보자가 되려는 사람 포함)에 관한 사항 게재 불가	

step

13

선거 홍보기획사는
어떻게 선택해야 하나

처음 선거에 출마하는 후보들이 가장 빠지기 쉬운 착각 중 하나가 선거홍보기획사는 홍보물을 디자인하고, 인쇄 납품만을 하는 곳으로 인식하는 것이다. 이것은 매우 위험한 착각이다. 홍보기획사는 단순한 디자인 사무실이나 인쇄물 제작업체가 아니다. 전문적인 여론조사를 과학적으로 분석할 능력을 갖추었을 뿐 아니라 생동감 있는 현실 정치의 현장 경험과 이를 바탕으로 후보 캠프의 선거 전략에 막강한 영향력을 끼칠 수 있는 전문가 집단이다.

따라서 실력 있는 홍보기획사와 계약을 맺는 것은 후보로서 또 하나의 훌륭한 선거 참모를 얻는 것과 같다. 문제는 정치 신인이 이런 홍보기획사를 찾는 것이 쉽지 않다는 것이다.

선거철에만 난립하는 홍보기획사를 주의해야 한다. 평소에는 지역 음식점이나 배달 전문점 등의 전단을 만들던 군소 기획사와 인쇄소들도 홍보기획사라는 이름을 내걸고 영업하기도 한다. 이렇듯 전문성 없는 기획사들과 머리를 맞대고 선거 전략이나 홍보 전략을 논하는 일은 시간 낭비이고 결국 정상적인 결과물을 얻을 수도 없다. 이들의 관심사는 오로지 홍보물 제작을 따내는 데 있다고 해도 틀린 말이 아니고 실제로도 그렇다.

또한 이러한 군소 기획사들은 선거 경험이 없거나 적어서 홍보물의 법정 규격, 재질, 수량 등을 파악하고 있지 않아 이를 간과해서 생기는 실수로 후보들을 곤경에 빠뜨리는 경우가 종종 있다. 따라서 선거를 여러 번 치러본 주변 지인들이나 믿을 만한 정당 관계자들을 통해 기획사를 소개받아 기획사와 함께 선거를 준비하도록 하자.

홍보기획사 선택과 운영의 세 가지 원칙

첫째, 홍보기획사 선택의 원칙은 전문성과 차별성이다. 홍보와 선거 전략은 끊임없는 커뮤니케이션이 필요하다. 선거의 제반기획에 따라 움직이는 것이 홍보이기 때문이다. 따라서 결정된 홍보기획사와는 처음부터, 즉 선거 전략을 수립하는 일부터 함께 테이블에 앉아 머리를 맞대는 것이 좋다.

대부분의 홍보기획사는 선거를 치른 경험도 많고 이전의 선거나 여론조사를 분석하는 능력도 뛰어나다. 이러한 분석 능력을 토대로 선거 전략 수립에 도움을 주기도 하고, 다양한 경험을 토대로 돌발 상황이나 위기상황 또는 급변하는 선거상황에 대처하는 순발력을 발휘함으로써 후보의 핵심 참모 역할까지 한다.

가끔씩 자금 문제로 인해 홍보 기획이 아닌 홍보물만 맡기는 경우를 본다. 하지만 홍보기획사의 전략과 기획이 좋다면 적극적으로 선택하기를 권한다. 홍보기획사가 아니라 유능한 참모 집단을 얻는 것이기 때문이다. 소속 당이 아닌 상대 당의 기획을 많이 했다고 해서 꺼리는 경우도 있는데 이 역시 현명한 판단이 아니다.

우리나라의 홍보기획사들은 대개 당의 구분 없이 후보의 성향과 지역상황에 따른 판단을 내리고, 이에 대한 선거 전략과 홍보 전략을 수립하는 일에 충실하다. 좀 더 솔직하게 표현하자면 홍보기획사 자체가 영리를 목적으로 하는 사업체라서 적절한 후보에 적절한 가격이라면 어떤 선거에도 뛰어든다. 근래에 들어 특정 정당에 특화된 업체도 생겨났지만 대개의 경우는 정당을 가리지 않는다. 더욱이 선거 승패가 기획사의 전적과 경력이 되는 일이라 맡은 일에는 최선을 다한다. 유능한 홍보기획사라면 소속된 당과 상관없이 선택하여도 후회는 없다.

둘째, 같은 기획사와 모든 일을 함께하라. 공천을 받고 후보로 확정되고 나면 이런저런 경로로 지역의 여러 기획사나 인쇄소에 대한 청탁이 들어온다. 이왕 하는 일이라면 지역 업체를 이용해야 한다는 설득 아닌 강압에 후보는 난감하다. 그렇다고 선뜻 청탁을 물리치기도 쉽지 않다. 이웃끼리 인심도 상하지 않고 표도 얻으려는 마음 때문이다. 그러다 보면 '인쇄는 이쪽, 디자인은 저쪽' 하는 식으로 분산해서 업체 계약을 하는 경우도 있다.

그러나 이러한 결정은 바람직하지 않다. 통일된 홍보 전략을 구사할 수 없을 뿐더러 납품되는 홍보물과 업체 관리가 어렵기 때문이다. 가뜩이나 손이 모자란 판에 이런 사소한 일에 매달리는 것만큼 어리석은 행동은 없다. 굳이 지역 업체들을 배려하려고 한다면 홍보기획사를 통해 디자인된 간단한 홍보물, 가령 플래카드라든지 명함 등의 제작 정도만 맡기는 것이 좋다. 하지만 그것조차도 색감이나 인쇄 상태 등이 달라 서로 통일감을 이루기 어려우므로 그다지 권하고 싶지 않다.

하나의 기획사가 총괄하는 것이 좋다. 기획사가 모든 일을 처리하고 캠프에서는 기획사만 상대하면 일과 시간이 절약될 뿐만 아니라 설령 문제가 생기더라도 대처하기가 쉬워진다. 캠프에서 지나치게 홍보물에 총력을 기울이는 경우가 많다. 홍보물이 중요하기는 하지만 홍보물이 좋지 않아서 낙선하는 경우는 거의 없다. 반대로 홍보물이 좋아서 당선되는 경우도 없다. 한 곳의 홍보업체에 전담하지 않고 여러 곳에 분산한 경우 캠프는 각기 다른 홍보업체를 상대하느라 아까운 시간과 정력을 낭비하고 만다. 홍보물은 홍보물일 뿐이다. 최선을 다해야겠지만 지나치게 신경을 쓸 필요는 없다.

셋째, 홍보기획사의 규모가 크다고 무조건 좋은 것은 아니다. 선거를 치른 경험이 많고 규모도 큰 홍보기획사에는 나름의 노하우가 있다. 선거를 앞둔 후보들이 규모 있는 홍보기획사와 계약을 맺으려고 하는 이유도 이 때문이다. 그러나 명심해야 할 것은 아무리 규모가 크고 믿을 만한 업체라고 하더라도 감당할 수 있는 역량은 한계가 있다는 점이다. 선거 시즌이 되면 유명 홍보기획사는 일이 많아지게 된다. 문제는 한 업체가 감당하기 어려울 정도로 일이 몰리면 당연히 일에 과부하가 걸리고 만다는 것이다.

업체의 인원은 정해져 있고 관리해야 할 후보는 많으니, 당연히 한 후보에게 투자하는 시간이 적어지고 소홀해지기 마련이다. 실제로도 감당하지도 못할 만큼 일을 맡아서 후보가 낭패를 보는 경우도 있다. 홍보물이 제 시간에 납품되지 않는다든지 디자인과 인쇄에 치명적인 결함이 생기는 경우가 있으므로 회사의 규모보다는 선거 본부와 함께 호흡하고 돌발 상황에도 대처할 수 있는 업체인지를 파악해야 한다.

업체의 이력이나 규모도 중요하지만 얼마만큼 신뢰를 가지고 선거 캠프와 함께 일할 수 있는 업체인지 확인하는 것이 더 중요하다 하지만 정치 신인이 그런 업체를 구별하기란 쉬운 일이 아니다. 선거를 잘 아는 전문가의 조언과 추천을 받는 것이 안전하다.

언론 대응 전략

후보가 되거나 출마를 선언하면 종종 기자들의 연락이나 방문을 받게 될 것이다. 첫 만남부터 좋은 인상을 주었다거나 좋은 기삿거리를 제공했다면 둘 사이의 관계가 지속되겠지만 그렇지 않다면 만날 일도, 연락하는 일도 뜸해진다. 일단 후보는 기자들로부터 취재원으로서의 가치를 인정받는 일이 중요하다. 그렇게 되면 기자와의 만남도 잦아지고 그만큼 기사화될 기회도 많아진다.

　기삿거리를 제공하는 취재원이 되어야 한다. 우리가 아는 바대로 기자는 기사를 작성하는 사람이다. 작성된 기사는 신문에 실려 독자들의 알 권리를 충족시킨다. 그러나 기자에 의해 작성된 기사라고 해서 모두 보도되는 것은 아니다. 기자가 작성한 기사가 기사로서의 가치가 있느냐 하는 판단은 데스크나 편집부의 역할이다. 따라서 기자는 아무 뉴스나 기사화하는 것이 아니고 기사화할 만한 가치가 있는 '거리'를 찾아다닌다. 기자가 바쁜 것은 기사 작성이나 그에 필요한 취재 때문이라기보다 기삿거리를 찾으러 다니는 일 때문이다. 그래서 기자는 자신에게 좋은 '거리'를 제공하는 사람을 좋아하고 또 자주 찾는다.

기자 대응 시 유의사항

'오프 더 레코드'라는 기자의 말을 믿지 마라. 흔한 일은 아니지만 공식적인 취재가 끝나면 수첩과 펜을 챙겨 넣은 기자가 지나가는 말로 한 마디를 더 묻는 경우가 있다. 더러는 취재가 끝난 술자리에서 질문을 하기도 한다. 대개 의회 활동의 뒷얘기거나 떠도는 소문 따위에 관한 확인 같은 것이 대부분이다. 아마 처음부터 그런 내용을 물었다면 대답하기 곤란하다고 발을 뺄지 모를 테지만 내 기사를 책임진 기자이기도 하고, 취재과정을 통해 신뢰를 쌓은 관계라서 기분을 상하게 하는 말이나 행동을 할 수도 없다. 기자를 믿고 대답을 하거나 '오프 더 레코드'라는 말에 대답을 한다면 이는 십중팔구 언젠가는 기사화될 가능성이 높다. 기자가 말하는 '오프 더 레코드'는 대답을 유도하기 위한 장치이기 때문이다. 아니 어쩌면 지금까지의 취재는 형식에 불과할 뿐이고 바로 그 질문을 하기 위해 취재를 요청했는지도 모를 일이다.

따라서 곤란한 질문에는 반드시 '곤란하다'고 대답하는 게 좋다.

어설픈 대답이나 자신을 더욱 드러내기 위해 과장이 섞인 대답을 한다면 그것은 언젠가 자신에게 설화舌禍를 일으키는 불씨가 되기 쉽다. 홍보를 일컫는 단어인 PR을 두고 '피할 것은 피하고 알릴 것은 알리는 것'이라고 하던가. 기자와의 관계에서는 이렇듯 피할 것은 철저히 피하고, 알릴 것은 적극적으로 알리는 현명함이 필요하다. 거꾸로 반드시 기사화시키고 싶은 사실이 있다면, 오히려 취재 도중에 '오프 더 레코드'라는 말을 먼저 두어 번 강조하는 것도 좋은 방법이다. 이때의 '오프 더 레코드'는 기사화하지 말라는 말이 아니라 반드시 기사화했으면 좋겠다는 강조 역할을 하기 때문이다. 은밀한 것, 남들은 모르는 사실을 먼저 알고 싶어 하는 것이 기자의 속성인 탓이다.

인터뷰 준비를 철저히 하라. 기자와 인터뷰를 하게 된다면 일단 그 내용이 무엇인지부터 제대로 파악하는 것이 중요하다. 기자의 인터뷰 요청에 무조건 만날 시간과 장소부터 정하는 일은 자칫 득보다 실이 될 가능성이 높다.

인터뷰 주제가 무엇인지, 내게서 알고 싶은 사항이 무엇인지 꼼꼼하게 묻고 필요하다면 질문지를 요청해도 큰 실례가 아니다. 주제와 질문 내용을 파악했다면 답변을 위한 자료를 성실하게 챙긴다. 특히 답변 중에 수치나 통계가 있다면 미리 머릿속에 기억해두는 것이 현명하다. 인터뷰 도중 술술 튀어나오는 수치와 통계만으로도 기자는 후보의 자질에 더 높은 점수를 주게 된다. 만일 아무 준비 없이 기자와 마주했다가 이런저런 자료를 뒤적이며 겨우 답변을 이어간다면 오히려 만나지 않은 것보다 못한 결과를 초래할 수도 있다.

기자는 많은 후보와 만난다. 나는 늘 상대 후보와 비교 대상이라는 사실을 잊어서는 안 된다. 따라서 답변을 하더라도 눈에 띄는 차별성을 지녀야 한다. 특히 내게 한 질문이 다른 후보도 받는 질문이라는 점을 염두에 두고 보다 명확하고 튀는 답변을 준비해야 한다. 준비된 인터뷰가 아닌, 급작스런 기자의 인터뷰에 대해서도 적절히 대응할 수 있도록 수치나 통계 등을 집중하여 기억해두고, 돌발적인 질문에 대한 순발력도 길러두어야 한다. 어떤 천재라도 준비된 사람을 이길 수는 없다. 답변으로 둘째가라면 서러워할 김대중 전 대통령은 짧은 행사의 인사말이라도 꼭 미리 연습했다고 한다.

보도자료만 잘 만들어도 언론을 움직일 수 있다

언론과 하는 인터뷰를 찾아오는 홍보라고 한다면 보도자료는 찾아가는 홍보라 하겠다. 출마 사실을 알리는 보도자료부터 각종 공약에 관한 보도자료, 특별한 활동 내용에 관한 보도자료까지 언론과 캠프의 관계는 늘 다양한 내용의 보도자료를 통해 유지된다고 해도 과언이 아니다.

보도자료를 한마디로 정의하면 언론에 이런 내용의 기사를 실어 달라는 요청서와 같다. 기자는 기본적으로 항상 바쁘다. 기삿거리를 찾아야 하고, 그것을 취재하고 기사화하는 것만으로도 정신이 없다. 큰 선거가 아닌 이상 기자들이 특정 후보의 움직임만 따라다니는 것도 아니어서 각 후보들은 자신의 언론 홍보를 위해 적극적으로 나서야 한다.

이때 필요한 무기가 바로 보도자료다. 전화를 걸어서 기사화 해 달라고 요청하는 경우가 종종 있는데 이는 바람직한 방법이 아니다. 당사자는 중요하다고 여기는 기삿거리라도 기자의 입장에서는 기사로써의 가치가 떨어지는 것이 대부분이고, 실을 만한 가치가 있다손 치더라도 기자의 입장에서는 취재와 기사 작성에 드는 시간을 빼앗기기 때문이다. 따라서 보도자료에는 언론에 실렸으면 하는 기사의 제목, 내용, 증거 자료 등을 일목요연하게 정리해서 기자로 하여금 한눈에 기사 가치를 판단할 수 있도록 해야 한다.

tip

보도자료 작성의
5가지 원칙

☑ 1. 눈에 띄도록 만들어라

언론사에 들어가는 보도자료는 하루에도 수십 건이다. 선거를 앞두고 수백 건에 이르기도 한다. 담당 기자가 일일이 검토하기도 힘들거니와 솔직히 제목만 보고 읽지도 않고 버리는 경우가 대부분이다. 따라서 깔끔한 디자인은 필수. 큼직하게 제목을 붙이고 본문 서체도 12~13 포인트 정도로 시원시원하게 작성해야 한다. 관련 사진이 있다면 첫 면에 실어 주목을 끄는 것도 방법이다.

☑ 2. 기자 입장에서 써라

자료만 잔뜩 실은 보도자료는 아무리 중요하다고 하더라도 묻히기 쉽다. 설혹 기자의 눈에 띄더라도 기자로 하여금 다시 기사 작성을 위해 자료를 면밀히 검토하는 수고를 해야 하기 때문에 환영받지 못한다. 보도자료를 만들 때는 우선 기자가 이 사실을 기사로 채택하면 어떻게 쓸 것인가를 염두에 두면 좋다. 즉 기사체의 보도자료를 만들라는 말이다. 기자가 보도자료만 그대로 실어도 기사가 될 수 있도록 작성하는 것이 여러 모로 유리하다. 비슷한 사례의 기존 기사를 참고하면 훌륭한 보도자료가 된다.

☑ 3. 보내는 사람과 기사 제목을 명확하게 하라

보도자료만 보아도 보낸 사람이 누구인지를 알아챌 수 있어야 한다. 기사화되지 않는다 하더라도 기자에게 후보의 이름이나 활동을 각인시키는 효과가 있다. 아무래도 친숙한 이름에 한 번이라도 더 눈길이 가는 것이 인지상정이다. 꾸준한 보도자료를 통해 자신을 알리면 언젠가는 기사 속에 이름 한 줄 정도 올라갈 확률이 높다. 기사의 중요도에 따라 추가로 확인하거나 취재할 내용이 있을 수 있기 때문에 반드시 언제든지 연락이 가능한 연락처를 적어 두는 것도 잊지 말아야 한다. 보도자료에 겸손의 표시로 소속이나 이름을 맨 뒤에 다소곳이 붙이거나 조그맣게 표시하는 것은 시험을 치르고 이름을 적지 않는 격이다.

소속이나 이름의 표기만큼 중요한 것이 제목을 뽑는 일이다. 제목은 곧 보도 자료의 얼굴 같아서 비슷한 내용이라도 강렬한 제목을 단 보도자료에 기자들이 주목하는 것은 너무도 당연하다. 침소봉대라고 여겨질지라도 인상적인 제목은 필수이다.

☑ 4. 이메일과 팩스를 모두 활용하라

담당 기자에게 이메일을 보낸 것으로 보도자료 전달이 끝났다고 생각한다면 이는 아마추어임을 스스로 드러내는 것과 같다. 이메일이 담당기자만을 위한 수단이라면 팩스는 언론사에 소속된 다른 기자들이나 직원들을 위한 서비스다. 일단 이메일로 보낸 보도자료라고 하더라도 팩스로 다시 한번 보낼 필요가 있다. 다른 기자들이 오가다가 후보의 이름이나 활동을 들여다볼 수도 있고, 담당 기자가 미처 놓친 보도자료가 다른 기자에 의해 기사로 발굴되는 경우도 종종 있기 때문이다.

☑ 5. 한 장으로 요약하고 자료를 덧붙여라

아무리 좋은 내용의 보도자료라 하더라도 실제 내용은 A4 용지 한 페이지를 넘기지 말아야 한다. 기자로 하여금 한눈에 내용을 파악할 수 있게 하려는 뜻이기도 하지만 사실 그 정도의 양이면 한 꼭지의 기사로 충분한 양이다. 대신 보도자료의 내용을 뒷받침할 만한 자료가 있다면 그 뒤에 참고 자료 형식으로 덧붙이면 된다.

돈 없이 조직을
만드는 방법

선거에 돌입하면 후보에게 '조직과 돈'은 가장 큰 고민이다. 조직을 만들려면 돈은 필수다. 혈연관계나 친구를 비롯한 가까운 사이가 아닌 순수한 자원봉사자들로 선거조직을 만드는 것은 불가능에 가깝다. 하지만 현행 선거법에서는 조직을 만드는 데 금전적 비용을 들이는 것을 철저하게 금지하고 있다.

선거 조직은 필요하다. 그런데 돈은 쓸 수 없다. 그렇다고 아무런 조직 없이 혼자 뛰는 후보는 "저 사람은 도대체 왜 출마했지?"라는 말을 듣기 십상이다. 선거법을 준수하면서 조직을 구축한다는 것은 어찌 보면 모순이라고 할 정도로 어려운 문제이다. 현재 선거법상 허용되는

선거별 선거사무원 수

구분	시·도지사	지치구·시·군의 장	시·도의원		자치구·시·군의원	
			지역구	비례대표	지역구	비례대표
선거사무소	구·시·군 수 (최소 10인)	읍·면·동 수 3배수+5	10인	구·시·군 수	8인	자치구·시·군 읍·면·동수
선거연락소	읍·면·동 수	읍·면·동 수 3배수	X	X	X	X

유급사무원의 숫자는 너무 적다.

우선 합법적인 조직을 만드는 일부터 시작하자. 선거 유형별로 차이가 있지만 예비후보자가 되면 사무실에 유급사무원을 둘 수 있고, 본 선거기간이 되면 자치구단체장의 경우, 읍·면·동 수의 3배수에 5를 더한 수 이내의 유급 사무원을 활용할 수 있다. 실질적으로 움직이는 핵심 조직은 법이 허용하는 유급사무원으로 하고, 나머지는 지지자 그룹으로 구축하는 수밖에 없다.

이를 위해서 조직을 어떻게 운용할 것인지를 먼저 구상하고 기획해야 한다. 구태의연한 관행을 앞세워 당선만 되고 보자는 식으로 조직을 만들다가는 당선되기 전에 검찰조사를 받아야 할지도 모른다. 강화된 선거법으로 인하여 기부행위를 하면 제공자는 수사를 받게 되고, 기부행위를 받은 자는 50배의 과태료를 내야 한다.

이제는 후보자나 유권자 모두 금품이나 향응을 제공하거나 받지 않으려는 풍토가 확산되고 있다. 이에 따라 조직의 패러다임도 바뀌었다. "조직에는 반드시 돈이 들여야 한다"라는 기존의 그릇된 틀을 깨지 않으면 변화된 선거 문화에 맞는 조직을 꾸릴 수 없다.

지난 2002년 대선에서 노무현 전 대통령을 탄생시킨 '노사모'를 생각해보자. 본인들이 돈을 걷고, 인터넷으로 소통하며, 전국 방방곡곡을 찾아다니며 노무현을 외쳐댔던 자발적인 지지 조직이다. 노사모는 기존 정당이나 후보가 꾸려왔던 조직과는 완전히 다른, 새로운 조직 형태를 갖췄다. 물론 노무현이라는 걸출한 정치인이 있었기에 이러한 지지 조직이 탄생할 수 있었다.

하지만 현실적으로 지명도도 없는 무명의 후보에게 '아무개를 사랑하는 모임'이 자발적으로 만들어지지는 않는다. 그렇다고 낙담하기에는 이르다. 생각을 조금만 바꾸면 자발적 조직을 만드는 일이 불가능한 것은 아니다.

지역 현안에 대한 문제를 가지고 모임이 만들어지면 그 모임은 돈을 주지 않아도 자발적으로 모이게 되고, 어떤 모임보다 적극적이고 응집력이 강한 조직으로 발전하게 된다. '아무개를 사랑하는 모임'이 아닌 '○○ 문제 해결을 위한 모임'을 결성하면 돈이 들어간 조직보다도 더욱 강력한 이슈 조직이 된다. 이러한 이슈 조직이 발전하면 지지 조직으로 발전할 수 있다. 이러한 조직은 1인 보스가 모든 것을 좌우하는 기존의 수직적인 선거 조직이 아닌 수평적이고 자발적인 모임이 되는 것이다.

'동원 조직'은 옛말, 인터넷 '카·페·트'로 민심을 조직하자

2012년 11월 23일 밤 안철수 의원이 대선 후보 사퇴 기자 회견을 했다. 그때, 민주통합당 문재인 후보는 기자 회견 10여 분 뒤에 트위터를 통해 "안 후보님과 안 후보님을 지지하시는 분들께 진심으로 미안합니다"라는 글을 올렸다. 이 트윗은 바로 한 네티즌에 의해 포털 사이트로 옮겨졌고, SNS를 통해 순식간에 퍼졌다. TV에선 앵커가 "아직 문 후보의 반응은 나오지 않았습니다"라고 말할 때, 네티즌들은 문 후보 트윗을 놓고 "안철수 지지자를 잡으려는 트윗"이라며 갑론을박했다는 기사가 2011년 12월 6일자 〈중앙선데이〉에 실렸다.

이는 기존의 언론보다 SNS가 유권자에게 더 빠른 정보를 제공할 뿐만 아니라 후보의 말과 행동을 듣고 받아들이는 데 머물지 않고 후보의 행보를 직접 찾아보고 논리를 파악해 자신들의 생각을 개진하는 새로운 선거 풍속도를 만들어내고 있음을 보여준다. 즉 SNS가 처음에는 온라인 인맥을 구축하는 관계망으로 출발했지만, 이제는 정보와 개인의 감정, 생각 등이 소통되는 '소셜 미디어'로써 기능하고 있다는 것이다.

이제는 카카오톡, 페이스북, 트위터 등 SNS 시대에 걸맞은 새로운 형태의 조직 구성이 필요하다. 세계 최초로 SNS를 결합한 선거운동 전략을 도입한 오바마 미국 대통령의 2008년 미국 대선과 SNS로 촉발, 확산 과정을 거친 아랍 민주화 운동, 그리고 지난 2010년 지방선거에서 트위터를 통한 투표 참여운동 등을 통해 확인할 수 있는 사실은 SNS가 선거운동 및 사회 변혁 운동의 무기가 될 수 있다는 것이다.

지역의 이슈조직을 만들기 전에 지역의 주요 온라인 조직을 파악하는 일과 온라인 모임에서 어떠한 이슈가 만들어지고 관심 있어 하는지 파악해야 한다. 지역 아파트의 입주자모임 카페, 엄마들의 카페인 '맘카페', 네이버밴드 등의 커뮤니티, 그리고 클리앙, 루리웹, 오늘의 유머, 보배드림 등과 같은 웹기반의 온라인 커뮤니티도 주요 사회적 이슈를 만들어내는 출발지로 주목받고 있다. 억울한 사연이 있는 사람들이 수십만 명이 모여 있는 온라인 카페에 글을 올리면 그에 공감하는 사람들이 함께 걱정해주고, 해결방안도 모색해준다. 급기야 높은 조회수와 추천을 받아서 뉴스 기사로 소개되어 빠르게 사회적 이슈로 급부상하는 사례를 흔하게 볼 수 있다.

'생활협동조합' 등 생활밀착형 단체에서 활동하라

현행 공직선거법 제87조는 선거운동을 할 수 없는 단체를 명시하고 있다. 따라서 후보는 법에서 명시하고 있는 선거운동을 할 수 없는 단체를 제외한 단체를 이용하여 선거운동을 할 수 있다. 따라서 이러한 단체를 최대한 활용하는 것이 중요하다.

후보가 해당 지역에서 활발하게 활동하는 단체의 지원을 얻는 것은 '천군만마'를 얻는 것에 비유된다. 선거운동을 할 수 있는 가장 대표적인 단체는 노동조합(선거운동을 할 수 없는 자로 구성된 공무원 노동조합 등은 제외)이다. 또한 각 지역별로 구성되어 있는 각종 이익단체를 들 수

이우현 후보. (출처: 선거정보도서관)

있다. 대한의사협회, 대한약사회, 대한한의사회, 대한치과의사협회 등 보건의료단체를 비롯하여 이용사 및 미용사회, 한국목욕업중앙회, 한국세탁업중앙회 등 공중위생단체 등이 대표적이다. 그뿐만 아니라 범PC방 생존권 비상대책위원회, 재건축추진위원회 등 각종 대책위원회, 환경단체, 한국노년유권자연맹 등 각종 시민·사회단체, 대학교의 학생회 등도 선거운동을 할 수 있는 조직이다. 이들 단체가 관심을 가지고 있는 사안에 대해 함께 고민하고 청원운동을 전개하는 등 대안을 찾는 모습을 보여줄 필요가 있다.

요즘은 지역별로 생활협동조합 등 지역밀착형 자발적 단체(조직)가 많이 구성, 운영되기 때문에 자기 지역에 이러한 단체가 있는지 여부도 확인할 필요가 있다. 단체는 아니지만, 협동조합, 공부방, 학교운영위원회 등 지역별로 구성된 소모임에 자발적으로 참여하여 그 모임에 기여하는 것도 방법이 될 수 있다.

이러한 조직의 활용을 잘 보여준 이가 제19대 총선에서 경기도 용인시 갑 선거구에서 당선된 이우현 의원이다. 이 의원은 승리의 요인으로 사람 재산을 들었다. 당시 서울대 경제학과, 옥스퍼드대 박사 출신이자 3선에 도전했던 민주통합당 우제창 후보를 방송통신고등학교를 졸업한 만학도 이 의원이 꺾을 수 있었던 비결에는 지역 조직의 힘이 있었던 것이다. 그는 용인 지역에 결성되어 있는 100여 개의 단체에 회원으로 참여해 열심히 활동한 결과라고 말했다.

공직선거법 제87조:
단체의 선거운동 금지

☑ 다음 각 호의 어느 하나에 해당하는 기관·단체(그 대표자와 임직원 또는 구성원을 포함한다)는 그 기관·단체의 명의 또는 그 대표의 명의로 선거운동을 할 수 없다.

1. 국가·지방자치단체
2. 제53조(공무원 등의 입후보) 제1항제4호 내지 제6호에 규정된 기관·단체
3. 향우회·종친회·동창회·산악회 등 동호인회, 계모임 등 개인 간의 사적 모임
4. 특별법에 의하여 설립된 국민운동단체로서 국가 또는 지방자치단체의 출연 또는 보조를 받는 단체(바르게살기운동협의회·새마을운동협의회·한국자유총연맹을 말한다)
5. 법령에 의하여 정치활동이나 공직선거 관여가 금지된 단체
6. 후보자 또는 후보자의 가족(이하 이 항에서 '후보자 등'이라 한다)이 임원으로 있거나, 후보자 등의 재산을 출연하여 설립하거나, 후보자 등이 운영경비를 부담하거나 관계법규나 규약에 의하여 의사결정에 실질적으로 영향력을 행사하는 기관·단체
7. 구성원의 과반수가 선거운동을 할 수 없는 자로 이루어진 기관·단체

☑ 누구든지 선거에 있어서 후보자(후보자가 되고자 하는 자를 포함한다)의 선거운동을 위하여 연구소·동우회·향우회·산악회·조기축구회, 정당의 외곽단체 등 그 명칭이나 표방하는 목적 여하를 불문하고 사조직 기타 단체를 설립하거나 설치할 수 없다.

지역 화장장 문제 주민 모임과
연대한 문학진 국회의원후보

제18대 총선에서 민주당은 수도권 전멸설이 나돌 정도로 선거 판세가 불리했다. 취임한 지 3개월밖에 되지 않은 이명박 정부에 힘을 실어주고 참여 정부에 실망한 국민의 원망이 최고조에 달해 있었기 때문이다. 그러나 경기도 하남시의 경우는 조금 달랐다. 당시 김황식 하남시장이 추진하려 했던 광역 화장장 이슈가 선거 판세를 바꾸어버렸다. 하남시 주민들은 무려 18개월이 넘는 투쟁을 통해 주민투표까지 이끌어내며 화장장 반대 운동을 벌여왔다. 민주당의 문학진 후보는 화장장 반대 운동에 적극적으로 동참하고 반대 주민에게 연대의 손을 내밀어 함께 뭉침으로써 자발적이면서도 적극적인 지지 조직을 가질 수 있게 되었다.

지역 문제를 찾고 적극적으로 참여함으로써 지역 주민을 자발적인 조직으로 만드는 일은 생각보다 어려운 일이 아니다. 지역의 이슈를 찬찬히 살펴보면 반대할 명분이 또렷한 일들이 도처에 산적해 있다. 그리고 이를 반대하는 주민들은 정치권의 도움을 절실하게 원하고 있다. 문제는 얼마만큼 진정성을 가지고 끝까지 참여하느냐가 관건이다. 주민들은 표를 얻기 위해 찾아오는 정치 부나방들을 정확히 인식할 정도로 높은 정치의식을 가지고 있다. 하지만 꾸준하게 참여하고 마음을 열고 다가서면 주민들 대부분은 흔쾌히 손을 잡아준다. 주민들 역시 정치권의 힘이 중요하다는 것을 인식하고 있기 때문이다.

step
16

출마를 준비한다면
출판기념회부터

현행 선거법상 선거일 전 90일까지는 출판기념회가 가능하다. 현역 의원은 선거일 전 90일까지 홍보 수단으로 의정보고서를 배부할 수 있지만 이것이 불가능한 정치 신인에게는 출판기념회가 하나의 중요한 홍보 수단이 될 수 있다. 책 광고, 포스터 등을 통해 후보를 알릴 수 있는 좋은 기회일 뿐만 아니라 유권자에게 출사표를 대외적으로 알릴 수 있는 유일하고 합법적인 방법이기 때문이다. 우선 이름깨나 있는 명망가나 책을 내는 것으로 생각해서는 안 된다. 출마자라면 자신을 알리는 수단으로 책을 쓰고 출판기념회를 적극 활용해야 한다.

출판기념회는 자신이 출마했다는 사실을 알리는 수단이다. 지역의 오피니언 리더들을 합법적으로 초대할 수 있으며 지역 언론을 통해 출판기념회를 알리고 광고할 수도 있다. 때문에 대다수 후보자들이 출사표를 던지는 시작의 의미로 출판기념회를 활용하고 있다. 그리고 출판하는 책을 판매할 수 있어 출판기념회의 소요 경비를 충당하는 것도 가능하다. 후보자 입장에서 볼 때 출판기념회는 꿩 먹고 알 먹는, 절대 손해 보지 않는 장사인 셈이다.

어떤 책을 준비할 것인가?

선거에 임박하여 어렵고 복잡한 학술 서적을 내는 것은 어리석은 짓이다. 어떤 입후보 예정자들은 과거의 학위 논문이나 학술 서적을 다시 내려고도 하는데 이는 왜 책을 내야 하는가에 대한 전략적인 판단을 전혀 고려하지 못한 경우이다.

　책을 쓴다는 것은 출마에 즈음하여 자신을 되돌아보고 왜 출마하고 어떤 명분을 내세울 것인가, 나의 이미지는 어떠한가, 나의 약점을 어떻게 상쇄할 수 있을 것인가를 정리하는 작업의 일환이다. 실제로 자신의 살아온 삶을 찬찬히 되짚고 정리하는 시간이 필요하다. 또한 자신이 왜 정치를 하려는지 그리고 국민을 위해 어떤 정치를 할 것인지 고민하고 사색하는 시간이 될 수 있다.

　이를 위해서 책의 내용은 자신의 살아온 이야기와 함께 정치인으로서 국민과 유권자에게 전달할 비전 등을 정리하여 수필집 형식으로 발간하는 것이 좋다. 하지만 책에 대한 과도한 기대를 버리는 것이 좋다. 책을 통해 어려운 정책이나 정치적 비전을 유권자에게 알릴 수는 있지만 사람들은 현실적으로 정치인의 책을 많이 읽지 않는다는 사실을 알아야 한다. 그 밖에 정치적 목적을 위한 에세이, 정책을 쉽게 풀어 쓴 정책 담론집이나 사회 유명 인사와 사회 문제에 대해 토론을 벌이고 정리하여 엮은 대담집 형태로 낼 수도 있다.

책을 낼 때 가장 중요한 것 중 하나가 바로 책의 제목이다. 사람들이 책을 읽지는 않아도 제목은 본다. 언론 역시 행사를 알릴 때 책 제목은 반드시 명기한다. 이런 이유로 가급적이면 책의 제목에 후보자 이름이 들어가는 것이 좋다. 그리고 후보자의 이미지를 잘 설명할 수 있고 선거의 콘셉트와 맞는 적확한 제목이어야 한다. 홍보기획사가 선정되었다면 함께 후보의 정체성에 맞는 제목을 정하는 것이 좋다.

책을 내는 것을 너무 두려워할 필요는 없다. 평소 블로그에 꾸준히 올린 지역에 대한 비전과 자신의 이야기를 묶어서 내는 것도 한 방법이다. 본인의 진솔한 삶을 담은, 보통 하룻저녁에 읽어낼 정도의 책이면 적당하다. 두꺼운 책은 오히려 독자의 부담을 가중시키므로 250페이지 내외가 좋다. 후보의 어린 시절 사진과 현장 활동 당시의 사진을 넣는 것도 효과 만점이다. 후보의 사진이 많이 들어갈수록 좋다는 것을 잊지 말자. 책의 목표는 어디까지나 홍보에 있다.

자서전을 준비하는 대다수 후보들이 자신이 살아온 삶에 대해 자신 없어 한다. 물론 드라마틱한 삶을 살아온 사람도 있겠지만 평범한 삶을 살아온 후보일수록 자신의 삶을 드러내는 데 망설인다. 하지만 그럴 필요 없다. 누구에게나 삶을 살아오면서 두세 가지 정도의 감동적인 이야기는 있기 마련이다. 잊고 지내온 삶을 찬찬히 들여다보면 함께 공유할 수 있는 진한 내용과 감동이 분명히 숨어 있다. 그런 미담을 찾아 발굴하면 된다. 솔직하고 담백하면서도 자신의 삶을 찬찬히 들려주는 식으로 써라. 유권자들은 정치 후보들이 자신과 같은 평범한 사람이고 또 아픔을 간직한 사람이라는 데 동질성을 느끼기 마련이다. 책 한 권으로 "정치인 ○○○가 알고 보니 그런 사람이더군"이라는 평을 들을 수 있다면 성공한 책이라고 할 수 있다.

이 과정에서 행여 자신을 둘러싼 여러 가지 좋지 않은 소문이 있다면 자기 비판적 서술을 통해 약점을 강점으로 보완할 수도 있다. 후보자의 잔잔하고 감동적인 일화를 중심으로 서술하는 것도 좋다. 딱딱한 정책보다는 감동적인 일화가 대중에게 훨씬 파급력과 소구력이 크기 때문이다. 후보자의 인간성이 드러나는 스토리를 중심으로 구성하는 것이 효과적이다.

혼자 쓰기 힘들면 전문가의 도움을 구하는 것도 좋은 방법이다. 책을 쓸 때는 가능하면 후보자가 직접 쓰는 것이 가장 좋다. 자신에 대해 가장 잘 알고 있으며 미래의 비전에 대해서도 정확하게 제시할 수 있기 때문이다. 하지만 글 쓰는 일은 훈련이 필요하다. 준비되어 있지 않은 상황에서 책을 쓴다는 것은 결코 쉬운 일이 아니다. 그리고 무엇보다도 시간을 낼 수 없다는 점이 문제다. 이때 혼자 힘으로 집필하는 것이 어렵다면 전문적인 대필 작가를 찾는 것도 고려해볼 필요가 있다.

대필 작가의 도움을 받더라도 주요 내용은 후보자 본인이 기술해야 가능하다. 평소에 좋은 글감을 저장해놓으면 작가의 도움을 받아 책을 정리하기도 좋다. 페이스북 등 소셜 미디어 채널이나 블로그에 6개월 정도 시간을 잡고 하루에 한 가지 이상의 글을 작성해보자. 지역의 주요 이슈에 대한 생각, 평소 만나던 인물에 대한 평가, 나의 일상에 대한 기록 등을 올려서 일기처럼 남겨두면 쉽게 책으로 묶어낼 수 있다.

이런 온라인 기록이 없으면 충분한 시간을 가지고 작가와 인터뷰를 진행해야 한다. 작가는 상대에 대한 인터뷰 소재를 잘 연구하고 방향에 맞추어 질문을 던져서 내용을 만들어야 한다. 후보자의 일상을 기록한 가족사진, 졸업 등 성장사진, 활동 관련 기록 사진 등을 앨범에 챙겨서 하나씩 대담하듯이 정리하면 쉽게 일대기를 정리할 수 있을 것이다.

참신한 아이디어가 돋보이는 나만의 출판기념회

출판기념회는 선택이 아닌 필수다. 출판기념회는 출마자가 반드시 거쳐야 하는 필수 코스로 인식되고 있다. 그리고 의례적인 출판기념회에서 훨씬 더 풍부한 프로그램과 유권자의 시선을 사로잡는 기획의 이벤트성 출판기념회로 발전하고 있다. 각종 선거를 앞두고 후보들은 경쟁적으로 출판기념회를 갖는다. 수많은 출판기념회 중에서 내 출판기념회가 변별력을 가지기 위해서는 참신한 아이디어가 필요하다.

2010년 당시 최영호 광주 남구청장은《남구에서 만난 강운태와 최영호》라는 파격적인 제목의 책을 출판했다. 당시 광주 남구 출신의 강운태 국회의원은 광주시장 후보로 출마 중이었는데, 선거를 90일 앞두고 치러진 출판기념회의 주인공이 강운태인지, 최영호인지 논란이 될 정도였다. 최영호 구청장이 이 같은 파격적인 책을 낸 것은 광주 남구는 강운태 시장이 두 번이나 무소속으로 출마했어도 국회의원에 당선될 정도로 강 시장의 텃밭이었기 때문이다. 강운태 시장의 측근이라는 사실만으로도 경선에 큰 영향력을 줄 수 있었다. 최영호 구청장은 과감하게 책 제목에서부터 자신과 강운태 시장을 연결했다. 책 내용 역시 강운태 시장과 함께해온 정치 역정을 담았다. 광주 남구에서 구의원과 시의원 등을 역임하며 성실하게 일해온 경력과 강운태 시장의 최측근이라는 이미지가 시너지를 일으켜 최영호 구청장이 승리하는 데 발판이 되었다.

혼자 만들기 힘들면 공동 저서를 발간하는 것도 좋다. 2002년 지방선거에서 민주노동당은 총 아홉 명의 여성 의원을 당선시켰다. 정당 사상 최초로 광역의원 비례대표 명부의 50%를 여성으로 하고, 명부 순위에서 홀수 번호를 여성으로 하는 여성할당제를 시행한 덕분이다. 이들 여성 의원들은 각 지방의회에서 유일한 민주노동당 의원이다. 즉 '왕따' 의원인 셈이다.

'아름다운 왕따들'이라는 제목으로 집필한 권은정 전문 인터뷰어는 8주 동안 이 아홉 명의 여성 의원들을 탐방하고 인터뷰한 기록을 묶어 책을 썼다. 실제로 이들 의원들은 학교 급식 개선 운동 등의 가시적인 성과를 냈고, 해당 지역에서 최우수, 우수 의원 자리를 석권하기도 했다.

　이처럼 출판기념회는 출사표로서의 의미와 함께, 준비된 후보라는 이미지를 홍보하는 역할을 한다. 당원이나 지지자들에게는 교육용 자료로도 활용해 지지 효과를 얻을 수도 있다. 정치 신인인 경우 약점인 인지도 제고 효과도 가져올 수 있다. 정치 신인에게 가장 중요한 것은 자신을 효과적으로 알리는 일이다. 정치인에게 인지도와 신뢰도는 비례한다. 많이 알려질수록 신뢰도 역시 높아진다. 그런 점에서 출판은 자신을 제대로 알릴 수 있는 좋은 기회이자 도구이다.

　선거법상 선거일 90일 전까지는 출판기념회 개최가 가능하지만, 자칫 인원 동원이나 세 과시로 비춰져 문제가 될 수 있다. 출판기념회에서 책을 무료로 배부하면 기부 행위로 간주돼 선거법 위반이 될 수도 있다. 서적에 특정지역 개발 등 선거공약을 주요 내용으로 게재하여 사실상 선거홍보물화하는 행위도 할 수 없다. 물론 출판기념회는 출판사가 주체가 되어 개최하지만 후보는 각별히 주의해야 한다. 출판사와 전후 사정을 잘 살핀 다음 기획 행사로 출판기념회를 준비해야 한다. 선거법 위반 소지를 불식하기 위해 대안으로 온라인 출판기념회도 한 방법이 될 수 있다.

나벤져스로 '나'번 당선의
새로운 바람을 주도하다

강남규(인천광역시 서구의회 의원)

Q1 정치 신인으로서 인지도를 올리는 방법은 무엇인가?

정치 신인이 인지도를 올리기란 쉽지 않다. 나는 인천 서구의 국회의원 보좌관 출신으로 지역위원회의 오프라인 행사를 기획하고 당원들과의 스킨십을 늘리는 데 노력했다. 지역위원회 행사로 당원교육, 치맥파티 등 각종 오프라인 모임을 통해 소통하며 당원의 마음을 움직였다.

Q2 유권자를 만나는 전략에는 어떤 것이 있나?

이해관계 중심으로 만났다. 정치를 도전하는 정치 신인에게는 누구를 만나야 할 것인지 또한 고민되는 지점일 것이다. 선거에 출마 경험이 있는 후보들에게도 고민되는 지점이다. 선거에서 가장 중요한 것은 "얼마나 많은 사람을 만나는가" 가 아닌 "어떤 사람들을 만나는가"이다. "어린이가 안전한 도시가 학부모가 편안 한 도시다"라는 슬로건으로 학교운영위원회, 협동조합, 시민단체들을 만나며 학 부모 모임에 참여해 열심히 활동했다.

Q3 공천 면접 준비는 어떻게 했나?

공천신청서를 인천시당에 접수한 이후 공천심사를 준비했다. 나 같은 경우에는 보좌관 경력을 포함하여 정당 활동을 오랫동안 해왔기 때문에 면접 준비가 상대 적으로 수월했다. "정당에서 진행하는 면접은 회사면접과는 다르다"는 것을 명심 해야 한다. 기존 회사면접에서는 면접자의 역량을 위주로 질문을 한다면, 정당공 천심사의 심사위원들은 대부분 현역 국회의원 또는 당직자이다. 면접에서 내가 하고 싶은 이야기가 아니라 심사위원이 듣고 싶어 하는 이야기를 해야 한다. 지 역에 대한 현안은 물론이고, 애당심, 강령·정강정책과 정당을 위해 어떤 노력을 해왔는지, 그리고 후보로 공천을 받으면 어떤 변화가 있을지, 당을 위해 어떠한 노력을 할 것인지에 대하여 강조하는 것이 필요하다.

Q4 특별한 선거 유세 전략이 있었나?

기초의원 선거의 경우 2~3인을 선출하는 중선거구제를 택하고 있다. 즉 같은 정 당 후보로 '나'번으로 출마하게 된다면 사실상 당선이 어려운 구조였다. 1개 선거 구에서 2명 이상을 선출하지만 유권자는 1명에게만 기표할 수 있다. 인물보다는 당을 우선시하는 지방선거 표심으로 대다수 유권자들이 각 당의 '가'번에게 표를 준다. 이 때문에 그동안 지방선거에서는 각 당의 '가'번 당선자가 많이 배출됐다.

우리 지역구에서는 '나'번 밀어주기 전략으로 지난 선거에 임했다. '나벤져스' 선거유세가 바로 인천서구에서 시작되었다. 김교홍 당시 지역위원장이 '나벤져스 지원단' 단장을 맡고 같은 당 '가'번과의 공동 유세도 추진하는 등 총력전을 펼쳤다. '가'번의 유세는 자제시키고 '나'번을 부각시키는 '가', '나' 동반당선 전략을 세웠다.

'나'와 어벤져스를 결합한 '나벤져스' 마케팅으로 큰 성공을 거두었다. 어린이들이 선거유세차를 따라 다녔고, '나벤져스 아저씨'가 서구를 지킬 수 있다는 강한 이미지를 부각시켰다. 선거기간 동안 선거운동으로 피로감을 느끼는 주민들에게 웃음을 전하는 선거유세로 지역 언론의 주목을 받았다. 기초의원 후보가 타 지역구 선거유세를 가게 된 것도 내가 최초일 것이다.

나를 비롯하여 나벤져스 선거유세단에 참여한 인천서구의 더불어민주당의 '가'번 후보, '나'번 후보 모두가 구의회에 입성하게 되었다.

box

국민의 힘 지방선거
공직후보자 추천 규정

(2021년 11월 3일 개정)
(2020년 2월 17일 제정)

제 1 장 총칙

제 1 조 (목적) 이 규정은 당헌 제78조(지방선거 공직후보자 추천기구), 제84조(시·도지사 후보자의 추천) 및 제85조(기타 공직후보자의 추천)에 규정된 광역 및 기초 단체장 후보자와 광역 및 기초 의원 후보자의 추천에 관한 사항을 규정함을 목적으로 한다.

제 2 조 (공정 및 비밀유지의 의무) ① 이 규정에서 정하고 있는 직무를 수행하는 자는 심사 등에 영향을 미치는 일체의 부정한 행위를 하여서는 안 되며, 공정성과 객관성을 유지하여야 한다.

② 이 규정에서 정하고 있는 직무를 수행하는 자는 직무와 관련하여 알게 된 일체의 비밀을 직무종료를 불문하고 누설하여서는 안 된다.

제 3 조 (추천절차) 지방선거 후보자의 추천은 공천신청 공고 및 접수, 중앙당 또는

157

시·도당 공천관리위원회(비례대표 공천위원회를 포함)의 심사, 경선 등을 통하여 선정하고 최고위원회의의 의결로 확정한다.

제 2 장 지방선거 후보자 공천관리위원회

제 4 조 (위원회 구성) ① 지방선거 후보자 공천과 관련된 업무를 수행하기 위하여 중앙당과 시·도당에 각각 공천관리위원회를, 시·도당에 비례대표 공천위원회를 둔다. 다만, 시·도당 공천관리위원회는 시·도당 운영위원회의 요청과 최고위원회의의 의결로 비례대표 공천위원회를 겸할 수 있다.

② 중앙당 공천관리위원회는 당 대표가 최고위원회의의 의결을 거쳐 임명하는 당내외 인사 20인 이내의 위원으로 구성한다.

③ 시·도당 공천관리위원회(비례대표 공천위원회 포함)는 시·도당 운영위원회의 의결을 거쳐 시·도당위원장이 추천하고 최고위원회의의 의결을 거쳐 당 대표가 임명하는 당내외 인사 20인 이내의 위원으로 구성한다.

④ 시·도당 공천관리위원회(비례대표 공천위원회 포함)의 구성에 있어 국회의원 및 당원협의회 운영위원장은 재적 3분의 1을 초과할 수 없다.

⑤ 중앙당 및 시·도당 공천관리위원회(비례대표 공천위원회 포함)는 원칙적으로 임기만료에 의한 선거일 90일 전까지 구성한다. 다만, 재·보궐 선거의 경우 그러하지 않는다.

제 5 조 (위원장·부위원장) ① 중앙당 및 시·도당 공천관리위원회(비례대표 공천위원회 포함)에 위원장 1인과 부위원장 약간인을 두며 위원 중에서 당 대표가 최고위원회의의 의결을 거쳐 임명한다.

② 위원장은 위원회를 대표하고 회무를 총괄한다.

③ 부위원장은 위원장을 보좌하고 위원장이 유고로 인하여 직무를 수행할 수 없을 때에는 위원장이 지명하는 부위원장(부위원장이 없는 때에는 위원)이 그 직무를 대행한다. 다만, 위원장이 지명할 수 없을 때에는 부위원장(부위원장이 없는 때에는 위원) 중 연장자 순으로 그 직무를 대행한다.

제 6 조 (직무상의 독립) 중앙당 및 시·도당 공천관리위원회(비례대표 공천위원회 포함)의 위원은 당헌과 당규에 따라 독립하여 그 직무를 수행한다.

제 7 조 (권한) ① 중앙당 및 시·도당 공천관리위원회(비례대표 공천위원회 포함)는 지방선거 후보자의 추천 전반을 관리·감독한다.

② 중앙당 공천관리위원회는 다음 각 호의 후보자를 추천한다.

   1. 광역단체장

   2. 제3항 단서에 따라 시·도당 공천관리위원회가 후보자 추천을 요청한 선거구의 기초단체장

③ 각 시·도당 공천관리위원회는 해당 지역의 다음 각 호의 후보자를 추천한다. 단, 시·도당 공천관리위원회가 후보자를 선정하기 곤란한 특별한 사유가 있는 기초단체장 선거구의 경우 중앙당 공천관리위원회에 후보자 추천을 요청할 수 있다.

   1. 기초단체장

   2. 지역구 광역의원

   3. 지역구 기초의원

④ 각 시·도당의 비례대표 공천위원회는 다음 각 호의 후보자를 추천한다.

   1. 비례대표 광역의원

   2. 비례대표 기초의원

제 8 조 (소집 및 의사) ① 중앙당 및 시·도당 공천관리위원회(비례대표 공천위원회 포함)는 당 대표(시·도당의 경우 시·도당 위원장) 또는 각 위원장이 필요하다고 인정할 때와 재적위원 3분의 1 이상 요구가 있을 때 위원장이 소집한다.

② 중앙당 및 시·도당 공천관리위원회(비례대표 공천위원회 포함)는 별도의 규정이 없는 한 재적위원 과반수의 출석과 출석위원 과반수의 찬성으로 의결한다.

제 9 조 (심의 등) ① 중앙당 및 시·도당 공천관리위원회(비례대표 공천위원회 포함)의 심의는 비공개를 원칙으로 한다.

② 중앙당 및 시·도당 공천관리위원회(비례대표 공천위원회 포함)의 위원장 및 위원이 공천 신청자와 친·인척 등 특수관계에 있는 경우 당해 신청자의 심사에서 제척한다. 친·인척 등 특수관계의 내용과 범위는 중앙당 공천관리위원회의 의결과 최고위원회의의 승인으로 확정한다.

③ 중앙당 및 시·도당 공천관리위원회(비례대표 공천위원회 포함)는 심사를 위하여 관계자를 출석시켜 개별면접을 할 수 있고 관계자에게 필요한 자료의 제출을 요구할 수 있다.

④ 중앙당 및 시·도당 공천관리위원회(비례대표 공천위원회 포함)는 현지조사, 여론조사, 면접 및 후보자 간 토론회 등을 실시할 수 있다.

⑤ 중앙당 및 시·도당 공천관리위원회(비례대표 공천위원회 포함)의 위원장 및 위원은 지방선거의 지역구 및 비례대표 후보자로 추천받을 수 없다.

제 3 장 지방선거 후보자 추천 신청

제 10 조 (신청자격) ① 지방선거 후보자로 추천받고자 하는 자는 공직선거법에 의하여 피선거권이 있고, 공천 신청일 현재 책임당원이어야 한다.

② 전 항의 규정에도 불구하고 중앙당 공천관리위원회의 요청과 최고위원회의의 의결을 통하여 일반당원 및 신규 입당자에게 신청자격을 부여할 수 있다.

제 11 조 (공천신청 공고 및 접수) ① 중앙당 및 시·도당 공천관리위원회(비례대표 공천위원회 포함)는 공천신청 공고 및 접수기간을 정한다.

② 중앙당 및 시·도당 공천관리위원장(비례대표 공천위원장 포함)은 공천신청과 관련한 제반 사항을 당 홈페이지 등을 통하여 3일 이상 공고하여야 한다.

③ 공천신청 접수기간은 15일 이내로 하며 공고기간 만료일 다음날부터 기산한다.

④ 공천신청은 중앙당 및 시·도당에 직접 접수하되, 온라인을 통한 신청 접수를 병행할 수 있다.

⑤ 중앙당 및 시·도당 공천관리위원회(비례대표 공천위원회 포함)는 신청자가 비공개 신청을 원할 경우 공개하지 않는다.

제 12 조 (제출서류) ① 지방선거 후보자로 추천받고자 하는 자는 다음 각 호의 서류를 제출하여야 한다.

1. 후보자 추천신청서

2. 당적확인서 또는 입당원서

3. 당비납부 확인서 또는 영수증

4. 서약서

5. 이력서

6. 자기소개서

7. 공직활동 계획서

8. 가족관계증명서, 주민등록등·초본

9. 재산보유현황서

10. 병적증명서

11. 최근 5년간 세금 납부 및 체납에 관한 증명서

12. 범죄 및 수사경력에 관한 증명서류

13. 최종학력 증명서

14. 사진

15. 기부·봉사활동을 증빙할 수 있는 자료, 청렴 및 윤리규칙 준수에 관한 서약서 등 그 밖에 중앙당 및 시·도당 공천관리위원회(비례대표 공천위원회 포함)가 필요하다고 인정하여 의결한 사항

② 각급 공천관리위원회(비례대표 공천위원회 포함)는 개별 후보자에게 심사과정에서 필요한 서류를 추가로 요구할 수 있다.

③ 관계 서류가 미비하여 보완을 요구하였으나 주어진 기한 내에 보완 서류를 제출하지 아니한 경우 추천신청을 하지 않은 것으로 본다.

제 13 조 (공천 신청자 공고) 중앙당 및 시·도당 공천관리위원회(비례대표 공천위원회 포함)는 신청 기간 내에 지방선거 후보자 추천신청서를 제출한 자(이하 '공천 신청자'라 한다)의 명단을 접수 마감 후 당 홈페이지에 공고하여야 한다.

제 4장 후보자 심사

제 14 조 (부적격 기준) 다음 각 호에 해당하는 신청자는 추천대상에서 배제한다.

1. 피선거권이 없는 자

2. 동일한 선거에 있어 2개 이상의 선거구에 중복 신청한 자

3. 후보 신청자가 당적을 이탈, 변경한 때

4. 타 당의 당적을 보유하고 있는 자

5. 후보등록 서류에 허위사실을 기재한 자

6. 윤리위원회의 의결로 탈당권유 이상의 징계를 받은 적이 있는 자

7. 당선무효에 해당하는 형을 선고 받고 재판 계속 중인 자

8. 다음 각 목에 규정된 범죄를 저질러 국민의 지탄을 받는 형사범으로 집행유예 이상의 형이 확정되거나, 공천 신청 당시 하급심에서 집행유예 이상의 판결을 선고받은 자

㉮ 살인, 강도 등 강력범죄

㉯ 뇌물·알선수재 등 뇌물관련 범죄

㉰ 사기·횡령 등 재산범죄

㉱ 정치자금법, 공직선거법 위반 등 선거범죄

㉲ 성범죄, 아동 및 청소년 관련 범죄, 도주차량, 음주운전 등 파렴치 범죄 (단, 성범죄, 아동 및 청소년 관련 범죄는 벌금형 이상으로 함)

9. 제8호에서 규정된 범죄경력 외 공천관리위원회가 의결한 범죄경력 등이 있는 자

제 15 조 (자격심사) ① 중앙당 및 시·도당 공천관리위원회(비례대표 공천위원회 포함)는 제14조의 기준에 따라 배제된 후보자를 제외하고 자격심사를 실시한다.

② 중앙당 공천관리위원회는 서류심사, 면접심사, 당무감사위원회 감사결과, 윤리위원회 심사결과, 현지 실태조사, 여론조사 결과 등을 종합하는 심사기준을 확정하여 최고위원회의에 보고하고 시·도당 공천관리위원회에 전달하여야 한다.

③ 시·도당 공천관리위원회는 제2항의 심사기준을 따라야 한다. 다만 특별한 사유가 있는 경우 중앙당 공천관리위원회의 승인을 얻어 별도의 기준을 둘 수 있다.

④ 중앙당 및 시·도당 공천관리위원회는 자격심사를 통하여 경선 대상 후보자를 압

축할 수 있다.

⑤ 중앙당 및 시·도당 공천관리위원회는 자격심사를 통하여 단수 후보자를 추천할
수 있다.

⑥ 중앙당 및 시·도당 공천관리위원회는 우선추천지역을 선정하고 후보자를 추천할
수 있다.

⑦ 중앙당 및 시·도당 공천관리위원회(비례대표 공천위원회 포함)는 필요시 윤리위
원장, 당무감사위원장, 인재영입위원장 등의 의견을 청취할 수 있다.

제 5 장 후보자 경선

제 16 조 (선거관리위원회 구성) 후보자 경선 관리를 위한 선거관리위원회는 별도
로 구성하지 않고 중앙당 및 시·도당 공천관리위원회가 겸한다.

제 17 조 (기능) ① 선거관리위원회는 다음 각 호의 기능을 수행한다.

　1. 경선 대상 후보자 등록

　2. 선거인단 명부 작성

　3. 투·개표 등 선거관리 업무

　4. 선거관련 유권해석

　5. 선거관련 이의신청에 대한 처리

　6. 기타 선거에 관련한 제반사항

② 중앙당 선거관리위원회는 제1항의 기능을 통할·관리하고, 시·도당 선거관리위원
회의 업무를 지휘·감독한다.

③ 선거관리위원회에 관한 기타 제반사항은 공천관리위원회의 의결로 정한다.

제 18 조 (경선 후보자) 경선 후보자는 공천 신청자 중 중앙당 및 시·도당 공천관리위원회의 심사를 거쳐 경선 대상자로 선정된 자 중 선거관리위원회에 후보자 등록을 한 자로 한다.

제 19 조 (경선 후보자의 공정경쟁 의무) ① 경선 후보자 및 후보자를 위하여 선거운동을 하는 자는 선거운동을 함에 있어 공정하게 경쟁하여야 한다.

② 선거운동을 할 수 있는 자는 현행 선거법을 위반하지 않는 범위 내에서 선거관리위원회가 금지하는 것 외의 방법으로 선거운동을 할 수 있다.

③ 제2항을 위반한 경우 선거관리위원회는 제재조치를 할 수 있다.

제 20 조 (경선 후보자 등록 및 공고) ① 경선 후보자로 확정된 자는 선거기간 개시일 5일 전에(이하 '후보자등록신청일'이라 한다) 각급 선거관리위원회에 경선 후보자 등록을 신청하여야 한다.

② 경선 후보자 등록을 신청하는 자는 각급 선거관리위원회에 서류를 제출하고 기탁금을 납부하여야 한다.

③ 경선 후보자 등록신청 접수는 당일 오전 9시부터 오후 5시까지 실시한다.

④ 경선 후보자가 사퇴하고자 하는 때에는 서면으로 각급 선거관리위원회에 신고하여야 한다.

⑤ 경선 후보자가 등록·사퇴·사망한 경우 각급 선거관리위원회는 지체 없이 이를 공고하여야 한다.

제 21 조 (선거인단) ① 지방선거 공직후보자 선출을 위한 선거인단은 다음 각 호와

같이 구성한다.

1. 시·도지사 : 유권자수의 0.1% 이상

2. 기초단체장 : 유권자수의 0.5% 이상 또는 1,000인 이상

3. 지방의회의원 : 유권자수의 0.5% 이상 또는 300인 이상

② 제1항의 선거인단은 명부작성 기준일 현재 당원명부에 등재된 책임당원으로 하되, 정수에 미달할 경우에는 일반당원 중 추첨하여 선정한다.

③ 명부작성 기준일 및 선거인단 구성 등 기타 필요한 사항은 선거관리위원회의 의결로 정한다.

제 22 조 (경선방식 등) ① 지방선거 공직후보자 선출을 위한 경선은 선거인단 유효투표결과 50%, 여론조사 결과 50%를 반영하여 결정한다. 다만, 광역의원 및 기초의원 후보자 선출은 선거인단의 투표만으로 결정할 수 있다.

② 중앙당 및 시·도당 선거관리위원회가 선거인단 투표를 전화조사로 갈음하는 경우 전화조사를 위한 세부 방식은 선거관리위원회의 의결로 정한다.

제 23 조 (명부 사본의 교부) ① 각급 선거관리위원회는 후보자 등록을 마친 각 후보자에게 확정된 선거인단명부의 사본 1부를 교부하여야 한다. 이 경우 후보자는 사본이 대외적으로 유출되지 않도록 특별히 주의하여야 하며 선거기간 만료일 즉시 그 명부를 각급 선거관리위원회에 반납하여야 한다.

제 24 조 (선거기간 및 선거일) ① '선거기간'이라 함은 선거인단 명부 확정일 후 1일부터 선거일까지를 말하며 6일 이내로 한다.

② 공천관리위원장은 공천관리위원회의 의결로 선거일을 경선 후보자가 확정·공고된 날로부터 3일 이내에 공고한다. 다만, 부득이한 사유가 발생한 경우에는 선거일

공고를 변경할 수 있다.

제 25 조 (선거운동 등) ① 이 규정에서 '선거운동'이라 함은 당선되거나 되게 하거나 되지 못하게 하기 위한 행위를 말한다. 다만, 다음 각 호의 어느 하나에 해당하는 행위는 선거운동으로 보지 아니한다.

　1. 선거에 관한 단순한 의견개진 및 의사표시

　2. 입후보와 선거운동을 위한 준비행위

　3. 통상적인 당무활동

② 선거운동기간은 선거인단명부 확정일 후 1일부터 선거일 전일까지로 한다.

③ 선거운동은 공직선거법 등 현행 법령을 위반하지 않는 범위 내에서 할 수 있다. 다만 선거관리위원회의의 의결로 금지되는 선거운동 방법을 정할 수 있다.

④ 기타 선거관리에 필요한 사항은 선거관리위원회의 의결로 정한다.

제 26 조 (가산점) ① 경선에 참여한 정치 신인, 여성, 청년 등의 후보자는 본인이 얻은 득표 수(득표율을 포함한다)의 최대 100분의 20의 가산점을 받을 수 있다.

② 공직후보자 역량강화를 위해 중앙연수원에서 교육과 평가를 실시할 수 있다. 이 경우 그 평가 결과에 따라 경선에 참여한 후보자가 얻은 득표 수(득표율을 포함한다)에 비례한 경선 가산점을 부여하여야 한다.

③ 다만, 경선 가산점 부여에 대한 세부범위와 방식은 선거관리위원회의 의결로 정하되, 이 경우 경선에 참여한 후보자 1인이 받을 수 있는 가산점은 본인이 얻은 득표수(득표율을 포함한다)의 최대 100분의 30을 넘을 수 없다.

제 27 조 (단수 후보자 추천) ① 중앙당 및 시·도당 공천관리위원회는 다음 각 호에 해당하는 경우 재적 3분의 2 이상의 의결로 후보자를 단수로 추천할 수 있다.

1. 공천 신청자가 1인인 경우

2. 복수의 후보자 중 1인을 제외한 모든 후보자가 제14조에 의하여 추천대상에서 배제된 경우

3. 복수의 신청자 중 1인의 경쟁력이 월등한 경우

② 공천신청 후보자의 경쟁력은 공천신청 후보자 간 비교우위, 타 당 후보와의 비교우위, 여론조사 결과, 현지 실태조사, 당무감사위원회의 감사결과 등을 종합하여 판단한다.

제 7 장 우선추천

제 28 조 (우선추천 지역의 선정 등) ① 중앙당 및 시·도당 공천관리위원회는 지방선거 지역구 후보자 추천에 있어 우선추천지역을 선정할 수 있다.

② '우선추천 지역'이라 함은 다음 각 호의 사유로 선정된 지역을 말한다.

1. 여성·청년·장애인 등 정치적 소수자의 추천이 특별히 필요하다고 판단한 지역

2. 공모에 신청한 사람이 없거나, 여론조사 결과 등을 참작하여 신청자들의 경쟁력이 현저히 낮다고 판단한 지역

3. 기타 공천관리위원회가 선거경쟁력을 높이기 위하여 적절하다고 판단한 지역

③ 우선추천지역의 선정은 광역 및 기초 단체장 선거의 경우는 중앙당 공천관리위원회가 하고, 광역 및 기초 의원 선거의 경우는 시·도당 공천관리위원회가 하되, 최고위원회의의 의결을 통하여 확정한다.

제 8 장 국민공천배심원단

제 29 조 (국민공천배심원단 구성) ① 국민공천배심원단은 당헌 제53조에 따라, 중앙당 및 시·도당에 사회 각 분야 전문가 및 대표성을 띠는 인사 30인 이상으로 각각 구성한다. 다만, 당원협의회 운영위원장은 배심원으로 참여할 수 없다.

② 국민공천배심원단의 배심원 선정 방식 및 절차 등 구성전반에 관한 주요사항은 최고위원회의의 의결로 정한다.

③ 중앙당 국민공천배심원단의 배심원은 당 대표가 최고위원회의의 의결을 거쳐 임명하며, 시·도당 국민공천배심원단의 배심원은 시·도당 운영위원회의 의결을 거쳐 시·도당위원장의 추천과 최고위원회의의 의결로 당 대표가 임명한다.

④ 중앙당 및 시·도당 국민공천배심원단의 배심원은 중앙당 및 시·도당 공천관리위원(비례대표 공천위원 포함)을 겸임할 수 없으며, 당해 선거의 각급 공직후보자로 추천받을 수 없다.

제 30 조 (위원장·부위원장) ① 중앙당 국민공천배심원단은 최고위원회의의 의결을 거쳐 당 대표가 임명하는 위원장 1인과 부위원장 약간인을 두며, 시·도당 국민공천배심원단은 시·도당 운영위원회의 의결 및 시·도당 위원장의 추천과 최고위원회의의 의결을 거쳐 당 대표가 임명하는 위원장 1인과 부위원장 약간 인을 둔다.

② 각 위원장은 위원회를 대표하고 회무를 총괄한다.

③ 각 부위원장은 위원장을 보좌하고 위원장이 유고로 인하여 직무를 수행할 수 없을 때에는 위원장이 지명하는 부위원장(부위원장이 없는 때에는 위원)이 그 직무를 대행한다. 다만, 위원장이 지명할 수 없을 때에는 부위원장(부위원장이 없는 때에는 위원) 중 연장자 순으로 그 직무를 대행한다.

제 31 조 (소집 및 의사) ① 국민공천배심원단은 위원장이 필요하다고 인정한 때 또

는 중앙당 및 시·도당 공천관리위원회(비례대표 공천위원회 포함)에서 요구할 경우 소집한다.

② 국민공천배심원단은 재적 과반수의 출석과 출석 과반수의 찬성으로 의결한다. 다만, 공천관리위원회가 의결한 후보자의 부적격 판단은 재적 3분의 2 이상의 찬성으로 의결한다.

제 32 조 (기능) ① 중앙당 국민공천배심원단은 광역 및 기초 단체장 후보자 중 다음 1호를, 시·도당 국민공천배심원단은 광역 및 기초 의원 후보자 중 다음 2호를 각각 심사대상으로 한다.

　1. 광역 및 기초 단체장 : 우선추천지역 후보자

　2. 광역 및 기초 의원 : 우선추천지역 및 비례대표 후보자

② 중앙당 및 시·도당 국민공천배심원단은 제1항의 각 호에 해당하는 후보자를 심사하여 부적격하다고 판단할 경우 최고위원회의에 중앙당 및 시·도당 공천관리위원회의(비례대표 공천위원회 포함)에 대한 재의요구를 권고할 수 있다.

제 33 조 (심의 등) ① 국민공천배심원단 회의는 비공개를 원칙으로 한다.

② 중앙당 및 시·도당 공천관리위원회(비례대표 공천위원회 포함)가 지명한 1인은 배심원단 회의에 출석하여 후보자 추천안에 대하여 의견을 개진할 수 있다.

③ 국민공천배심원단은 필요하다고 인정한 때 대상자를 출석시켜 면접을 실시할 수 있으며, 공천심사와 관련한 기초자료의 제출을 요구할 수 있다.

④ 국민공천배심원단은 해당 공천관리위원회로부터 후보자 적격여부에 대한 심의를 요청받은 날로부터 5일 이내에 심의를 완료하고, 1회에 한하여 3일간 연장할 수 있다. 다만, 지정된 기일 내에 심의를 종료하지 못하였을 경우, 후보자 적격여부에 대한 이의가 없는 것으로 본다.

⑤ 국민공천배심원단은 심의한 결과를 최고위원회의 및 해당 공천관리위원회에 지

체 없이 통지하여야 한다.

제 9 장 지방선거 공직후보자의 확정

제 34 조 (지역구 후보자의 확정) ① 중앙당 및 시·도당 공천관리위원회는 경선의 결과를 존중하여 후보자 추천안을 최고위원회의에 회부한다. 다만, 경선 결과에 영향을 미친 불법선거운동 등 현저한 하자가 있는 경우에는 직접 후보자를 추천할 수 있다.

② 중앙당 및 시·도당 공천관리위원회는 자격심사에 의하여 단수의 후보자를 추천할 수 있다.

③ 중앙당 및 시·도당 공천관리위원회는 제28조에 따라 우선추천지역을 선정하고 후보자를 추천할 수 있다.

④ 제1항 내지 제3항에 따라 중앙당 공천관리위원회가 추천한 후보는 최고위원회의의 의결로 확정되고, 시·도당 공천관리위원회의 후보자 추천안은 시·도당 운영위원회의 의결을 거쳐 최고위원회의의 의결로 확정된다.

⑤ 제4항에 따라 후보자로 확정되었더라도 불법선거운동이나 금품수수 등 현저한 하자가 있는 것으로 판명되었을 경우에는 최고위원회의의 의결로 후보자 추천을 무효로 할 수 있다.

제 35 조 (비례대표 후보자의 확정) ① 시·도당 비례대표 공천위원회의 후보자 추천안은 각 시·도당 운영위원회의 의결을 거쳐 최고위원회의의 의결로 확정된다.

② 시·도당 비례대표 공천위원회는 당해 선거의 선거기간 개시일 5일 전까지 각급 비례대표 후보자 정수 내에 해당하는 추천 대상자와 그 순번을 정하여 각 시·도당 운영위원회와 최고위원회의에 회부하여야 한다.

③ 시·도당 운영위원회와 최고위원회의는 시·도당 비례대표 공천위원회의 추천 대상자와 그 순번에 대하여 가부만을 의결할 수 있다.

④ 시·도당 운영위원회 또는 최고위원회의가 부결할 경우 시·도당 공천관리위원회는 재심사하여 최고위원회의에 상정하여야 한다. 다만, 이 경우 국민공천배심원단의 재심의를 거치지 않는다.

제 36 조 (재의결) 중앙당 및 시·도당 공천관리위원회(비례대표 공천위원회 포함)는 최고위원회의가 재의를 요구한 사항에 대하여 재심사한다. 다만, 최고위원회의의 재의요구에도 불구하고 중앙당 및 시·도당 공천관리위원회(비례대표 공천위원회 포함)의 재적 3분의 2 이상이 찬성하는 경우 최고위원회의는 그 결정에 따라야 한다.

제 10 장 보칙

제 37 조 (공천탈락자의 승복 및 협조의무) 공직후보자로 추천되지 아니한 신청자는 공천 결과를 승복하고 당해 선거의 당 소속 후보자에게 적극 협조할 의무를 지며, 타 당 후보 지원 등의 해당행위를 하여서는 아니 된다.

제 38 조 (위탁경선의 동시실시) 공직선거법 등에서 정하고 있는 방식으로 위탁경선을 실시할 경우, 기초단체장 및 기초의원 선거구의 경선은 동시에 실시함을 원칙으로 한다.

제 39 조 (재·보궐선거 특례) ① 중앙당 공천관리위원회는 재·보궐선거의 공천심사 기준, 각급 공천관리위원회의 관할 범위 등 공천관련 제반사항을 정하여 최고위원회의에 보고하고 시·도당 공천관리위원회에 지침을 전달한다.

② 재·보궐선거 후보자 추천과 관련하여 국민공천배심원단의 심사를 실시하지 않는다.

③ 당 소속 선출직 공직자의 공직선거법 위반 등으로 인하여 재·보궐 선거가 발생한 경우 중앙당 공천관리위원회는 최고위원회의의 의결을 거쳐 당해 선거구의 후보자를 추천하지 아니할 수 있다.

④ 기타 재·보궐선거 후보자 추천과 관련하여 규정되지 않은 사항은 중앙당 공천관리위원회의 의결로 정한다.

제 40 조 (위임규정) ① 후보자 추천과 관련한 공천 신청자의 이의신청 절차는 중앙당 공천관리위원회의 의결로 정한다.

② 중앙당 공천관리위원장은 지방선거 후보자 추천을 위하여 기타 필요한 사항 등이 규정의 시행에 필요한 규칙을 위원회의 의결로 정할 수 있다.

제 41 조 (실무지원부서 및 간사) ① 당 대표는 공천관리위원회 업무의 지원을 위하여 중앙당 및 시·도당 사무처에 필요한 부서를 둘 수 있고, 간사는 해당 부서의 장으로 한다.

② 중앙당 및 시·도당의 실무지원부서는 회의록을 작성하여 대외비로 보관한다.

부칙 (2020. 2. 17)

제 1 조 (시행일) 이 규정은 2020년 2월 17일 제1차 최고위원회의에서 의결된 때로부터 효력을 발생한다.

부칙 (2021. 11. 3)

제 1 조 (시행일) 이 규정은 2021년 11월 3일 제3차 상임전국위원회에서 의결된 때로부터 효력을 발생한다.

Part

03

본 선거 단계

step

17

선거 전략에 입각한
홍보 전략 세우기

후보 자신에 대한 분석과 상대 후보에 대한 분석, 그리고 유권자에 대한
분석을 끝내고 선거를 위한 각종 기획과 조직 작업이 어느 정도 갖추어
졌다면 이제 관건은 홍보다. 선거의 궁극적인 목적이 '당선'이라면, 홍
보는 그 목적을 달성해주는 하나의 방법이다.

　　홍보란 예비후보자 기간이나 법정 선거기간에 펼쳐지는 다양한
방법의 유세나 유권자들에게 내놓는 인쇄용 홍보물만을 말하지 않는
다. 평소에 사람을 만나는 일, 그 사람과 나누는 이야기를 비롯해 심지
어 차림새, 헤어스타일, 말투 등도 모두 홍보에 포함된다. 따라서 자신
의 선거 전략에 입각한 홍보 전략 수립이 선거의 시작이다.

홍보 전략 수립은 "나는 누구인가"라는 상황 인식에서부터 시작한다. 지역 사회에서의 인지도나 출마 동기에 대해 정확한 상황 인식을 하고 있어야 누구에게 전달할 것인지(Who), 무엇을 전달할 것인지(What), 왜 전달할 것인지(Why), 언제 전달할 것인지(When), 어디에서 전달할 것인지(Where), 어떻게 전달할 것인지(How)를 결정할 수 있다. 바로 이 육하원칙에 따른 이유를 명쾌하게 설명할 수 있는 잘 다듬어진 메시지가 곧 홍보 전략의 수립이라고 말할 수 있다.

홍보에서는 화려함이 곧 표심을 잡는 것은 아니다. 때로는 투박한 것이 화려함을 이긴다. 중요한 것은 화려함이나 투박함이 아니라 후보의 홍보 콘셉트가 선거 캠페인 전략과 얼마나 잘 어울리는가 하는 것이다.

© 전종원. 인스타그램 o_deng96

홍보의 세 가지 원칙: 일관성, 차별성, 선명성

홍보 전략을 세울 때 가장 중요한 첫 번째 원칙은 일관성을 유지하는 것이다. 후보의 말과 행동, 홍보물 등에서 통일성과 일관성을 지녀야 한다. 서민을 대표하는 후보를 자처하면서 명품 의상이나 소품 등을 애용하고 화려하기 그지없는 홍보물을 보내왔다면 어떻겠는가? 환경운동가 경력을 내세우면서 지역의 랜드마크를 만들겠다며 자연산림에 휴양지나 전원주택 단지를 만들자고 주장한다면 어떨까? 개혁적인 후보로 자신을 소개하면서도 늘 보수단체를 기웃거리고 그들과 어울리는 시간이 더 많다면 유권자는 어떻게 생각할까?

다양한 사전조사와 분석을 통해 자신만의 선거 전략을 세웠다면 홍보 역시 일관된 콘셉트를 유지해야 한다. 소속된 정당을 부각시키며 선거에 임하자고 결정을 내렸을 때에는 정당의 선거 전략에 충실해야 한다. 정당을 나타내는 컬러나 로고를 최대한 활용하되, 공약 역시 정당의 공약에 충실하면서도 지역의 상황에 맞도록 손질하여 홍보하는 것이 옳다. 이 원칙이 흐트러지면 통일성도 없고 일관성도 없는, 그야말로 원칙 없는 후보로 낙인찍힐 가능성이 크다.

개혁성을 강조하고 싶다면 40~50대의 중장년층보다 젊은 층을 공략하는 홍보 전략을 써야 한다. 홍보물의 비주얼이나 카피도 젊은 층의 선호에 맞추고, 심지어는 차림새나 말투까지도 젊은 층을 공략하는 데 집중해야 한다. 이제껏 보아온 후보들과 똑같이 판에 박힌 듯한 주장이나 반복하고, 대기업 간부쯤이나 들고 다닐 법한 구태의연한 명함을 내민다면 실패한 선거 캠페인이 될 가능성이 농후하다.

정치인은 이미 겉과 속이 다른 사람, 이해관계에 따라 소속을 이리저리 옮기는 일도 마다하지 않는 철새 등의 부정적인 이미지를 안고 있다. 이러한 정치판에서 일관성은 후보의 이미지를 좌우하는 중요한 요소 중 하나다. 일관성 있는 후보는 뚝심 있는 마당쇠 이미지, 추진력 있는 불도저 이미지를 덤으로 얻게 된다. 그리고 마당쇠나 불도저 같은 이미지는 유권자들에게 곧 신뢰로 통한다.

둘째, 다른 후보와 다른 차별성이 있어야 한다. 즉 선거 전략에 따라 머리부터 발끝까지 꾸준한 일관성을 유지하는 한편, 상대 후보와는 확연히 다른 차별성을 갖춰야 한다. 냉정히 따져보면 유권자들이 본격적인 선거전에서 만나는 후보 모두의 특징과 장점 등을 일일이 기억하기란 쉬운 일이 아니다. 특히 지방선거에서 유권자의 눈으로 보면 광역단체장이나 교육감, 기초단체장 등 굵직굵직한 직함을 가진 인물이나 기초의회나 광역의회 출마자들 모두 같은 선거의 후보들일 뿐이다. 누가 기초의회 후보고 누가 광역의회 후보인지 분간하지 못하는 경우가 다반사다. 본격 선거전이 이럴진대 예비후보자로 등록하는 사람은 얼마나 많을 것이며, 지금부터 지역을 누비는 지망생은 또 얼마나 많을 것인가. 따라서 차별화에 성공하지 못하면 아무개가 출마했는지조차도 사람들은 기억하지 못한다.

따라서 자기만의 독특하고 차별화된 홍보 방식을 찾아야 한다. 때로는 단정한 헤어스타일, 양복이나 정장을 과감하게 벗어던지고 유권자에게 더 친숙하고 신뢰성 있게 다가갈 수 있는 복장을 입을 수 있는 용기, 고정관념 속의 표밭이 아니라 주민들의 행동반경이나 관심사를 좇아 늘 새로운 곳을 찾아다니는 노력이 필요하다. 생각은 신중하게 그러나 결단은 과감하게! 결단을 내리면 바로 지금 행동하라. 그래야 유권자의 눈에 띌 수 있고, 눈에 띄어야 살아남을 가능성도 그만큼 크다.

행동이나 복장이 하드웨어라면 선거 공약은 소프트웨어에 비유할 수 있다. 아무리 겉이 번듯한 컴퓨터라 한들 소프트웨어가 구식이면 말 그대로 빛 좋은 개살구다. 선거 공약 역시 마찬가지다. 너나없이 특목고나 종합대학 유치, 재개발이나 재건축 완화, 그린벨트 해제, 대기업의 생산시설 이전, 대중교통의 편의성 확보 등을 내거는 것이 마치 유행처럼 번지는 요즘이다. 물론 이 같은 공약이 필요 없다는 뜻은 아니다.

하지만 이런 공약들은 누구나 쉽게 생각할 수 있는 것들이고, 조금만 깊이 따지고 들면 사실 지자체가 실행할 수 없는 공약들도 부지기수다. 이러한 공약들로는 다른 후보와 차별화할 수 없다. 제대로 된 공약은 발품에서 나온다. 괜히 지역 유지들을 만나 그들의 민원성 하소연이나 들을 게 아니라 현장에서 밑바닥 인심을 샅샅이 살펴야 한다. 그러다 보면 주민들이 진짜로 원하는 것이 무엇인지가 보인다.

셋째, 분명하게 나를 표현하는 선명성을 갖추어야 한다. 아무리 선거 전략이나 홍보 전략을 잘 세웠다고 하더라도 전달하는 과정이 뒷받침되지 못하면 아무 소용이 없다. 공직선거에 나선 사람이라면 무엇보다도 공약을 포함한 자신을 알려야 하고, 자신을 알리려면 일단 집을 나서는 순간 모든 체면이나 쑥스러움 따위는 일단 장롱 속에 넣어두어야 한다.

길거리나 사무실에서 만나는 모든 사람에게 밝고 활기찬 모습을 보여야 하는 것은 기본이고, 당당하고 자신감 있게 자신을 표현해야 한다. 쭈뼛거리거나 머뭇거리면 아웃이다. 따라서 자신의 출마 이유나 핵심 공약을 늘 명확하게 인식하고 있어야 하며 평소 간단하고도 명료하게 전달하는 연습을 해두어야 한다. 마치 군대에서 상사와 눈길만 마주쳐도 반사적으로 관등 성명이 튀어나오는 하급자의 태도처럼 말이다.

그러나 자기 얘기만 늘어놓아서도 안 된다. 유권자의 말에 진지하게 귀를 기울이는 태도 역시 말하기만큼이나 중요하다. 유권자들은 불만이 많지만 하소연할 곳이 마땅치 않다. 선거가 다가와야 그나마 후보들의 얼굴이라도 대할 수 있으니, 하소연도 이때가 아니면 털어놓을 수도 없다. 바쁜 와중에도 주민의 이야기를 들어주고 맞장구를 쳐주며 해결책을 모색하기 위해 고민하는 흔적이 보이는 후보라면 일단 묻지도 따지지도 않고 표를 던지는 열성 지지자 한 명을 얻은 셈이다. 열성 지지자의 표가 얼마나 될지는 얼마나 열심히 그리고 성실하게 유권자의 이야기에 귀기울이는가에 달렸다.

진정성이 돋보인
최문순 강원도 도지사의 홍보 사례

☑ 2011년 강원도 도지사 보궐선거에서 선거 초반, 대부분의 언론은 민주당 후보로 나온 최문순 현 강원도지사가 한나라당 엄기영 후보에 비해 20%에 가깝게 뒤지는 것으로 발표했다. 하지만 선거 결과, 모든 언론의 예상을 뒤엎고 최문순 도지사가 당선되었다.

기적과 같은 역전 드라마의 이유야 많겠지만 그중 최문순 도지사가 유권자에게 보여준 겸손하고 열린 자세는 승리에 크게 한몫했다. 최 도지사는 MBC 평기자 출신으로 시작하여 사장까지 지낸 입지전적인 인물이다. MBC 사장 재직 시절에도 지위 고하를 가리지 않고 머리 숙여 인사하는 그의 겸손함은 정가에서도 이름이 날 정도로 유명했다. 또한 기자 출신이다 보니 손에서 수첩이 떠나질 않았다.

최문순 도지사는 시장, 공사장, 식당 등을 가리지 않고 찾아가 유권자의 사연을 일일이 수첩에 메모했다. 그리고 방송 TV 토론회에서 지역 민원을 얘기한 유권자들의 사연을 소개하면서 자신이 꼭 해결하겠다고 다짐했다.

그뿐만 아니라 유권자의 하소연이 타당하다고 판단되면 캠프로 돌아와 문제 해결책을 찾아내고, 꼭 그 유권자에게 직접 전화를 걸어 해결 방안에 대해 설명해주었다. 도지사 후보가 TV에 나와 자신이 얘기한 하소연을 해결하겠다고 말하고, 그저 의례적으로 얘기한 민원에 대해 도지사 후보가 직접 전화를 걸어와 해결 방안을 말해주는데 열혈 지지자로 변하지 않는 것이 오히려 이상하지 않겠는가.

당선 후 최문순 도지사가 내건 당선사례의 문구는 "도민을 하늘처럼 섬기

최문순 강원도지사 후보.
(출처: 선거정보도서관)

겠습니다"였다. 평범한 문구에도 행동과 실천에서 진정성이 느껴지면 명문이 된다. 선거에서 하는 말에 신뢰성과 진정성을 담아내는 것은 바로 후보자의 몫이다.

소크라테스의 "악법도 법이다", 맥아더 장군의 "노병은 죽지 않고 사라진다" 등의 명언은 모두 자신들의 말이 아니라 남의 말을 인용한 것이지만 말한 이의 진정성으로 인해 역사에 길이 남은 명언이 되었다. 멋진 말을 찾는 것도 중요하지만 후보 스스로 마음과 행동을 바르게 잡는 것이야말로 홍보의 가장 중요한 키 포인트라는 사실을 잊지 말자.

step

___

18

___

잘 잡은 메시지가
당락을 좌우한다

미국 대선 후보의 선거사무장이었던 스콧 리드는 "선거운동은 유권자를 교육시키는 일"이라고 정의했다. 즉 선거운동이란 유권자에게 "나의 후보는 누구인가, 그의 원칙은 무엇인가 그리고 후보의 목표와 비전은 무엇인가"를 효과적으로 알리는 것이다. 그러기 위해서 후보자와 참모들은 아래의 세 가지 질문에 명확하게 답변을 할 수 있어야 한다.

① 후보자는 누구인가: 출신, 연령, 학력, 경력, 업적, 자산, 평판 등
② 왜 출마했나: 출마의 명분, 목적 등
③ 공약: 유권자에게 무엇을 해줄 수 있는가

위의 질문에 대해 분명하게 규정하는 것이 선거 전략 수립의 첫 출발이다. 후보는 누구를 만나든지 자신이 누구이며 왜 출마했는지, 무엇을 해줄 수 있는지를 분명하게 밝혀야 유권자를 설득할 수 있다. 메시지는 지역 유권자의 정서와 요구에 부합해야 하며 경쟁 후보보다 우위에 있어야 한다. 선거운동에서 메시지가 갖추어야 할 필수 요소를 살펴보자.

① 후보자와 표적 집단에 연관성이 있어야 한다.
② 상대 후보의 메시지와 차별성이 있어야 한다.
③ 독창성을 지녀야 한다.
④ 후보가 메시지를 실천할 수 있을 것이라는 유권자의 믿음이 있어야 한다.
⑤ 후보가 메시지를 신뢰하고 확신해야 한다.
⑥ 유권자들에게 메시지를 이해시키고 설득해야 한다.
⑦ 메시지가 선거를 정의해야 한다.
⑧ 후보의 출마의 변과 일맥상통해야 한다.
⑨ 전략과 메시지가 일관성이 있어야 한다.
⑩ 후보의 강점을 강조하고 상대 후보의 약점을 드러내야 한다.
⑪ 반드시 여론조사 기법에 의해 검증되어야 한다.

확정된 메시지를 반복적으로 이야기하라

나의 가장 큰 강점과 상대의 약점을 누를 수 있는 이유(유권자가 다른 후보가 아닌 당신을 찍어야 할 이유), 그것이 바로 메시지다. 그 메시지는 누구나 이해할 수 있는 가장 쉬운 말로 단순화시켜야 한다. 또한 확정된 메시지를 앵무새처럼 반복적이고 지속적으로 말해야 한다.

선거 캠페인은 '단·무·지'라는 말이 있다. 즉, 단순하고, 무식하게, 지속적으로 해야 성공적인 캠페인이 된다는 의미이다. 자신이 출마한 이유를 명징한 언어로 단순화시켜 지속적으로 알려야 한다는 것이다. 실제로 아무리 선거운동을 열심히 해도 도시 선거 지역의 경우 전체 유권자의 5%도 만나지 못하는 것이 현실이다. 그 5%에게 단순하지만 반복적으로 자신을 알려서 그들이 95%에게 전파하도록 하는 것이 선거의 핵심이다.

그러나 후보들은 반복하는 것을 싫어한다. 새롭고 검증되지 않은 메시지를 시도하고 싶다는 유혹을 떨치지 못한다. 이러한 달콤한 유혹은 유권자에게 주요 메시지가 효과적으로 전달되지 못하게 만드는 결정적 요인이 된다. 미국의 전 대통령 리차드 닉슨은 메시지 반복의 중요성을 강조했다.

"제발 언론에 항상 새로운 기사를 써달라고 하지 마십시오. 현재 효과가 나오고 있는 것을 계속 말하십시오. 사람들이 기억할 때까지 적어도 네 번 이상 반복해야 합니다. 우리 모두는 그 말을 계속해야 합니다. 링컨은 100번 이상 같은 말을 의회에서 반복했습니다."

정주영 대통령 후보.
(출처: 선거정보도서관)

메시지는 신뢰성을 바탕에 두어야 한다

반값아파트, 반값등록금, 반값교통비 등 '반값' 정책 공약이 자주 등장한다. 그만큼 '반값'이라는 메시지 표현 자체가 쉽고 단순하기 때문이다. '반값' 정책 메시지를 처음 제기한 사람은 1992년 대통령 선거에 출마한 통일국민당 정주영 후보다.

　　당시 정주영 후보의 반값 아파트 공약이 국민들의 관심을 받게 되자 기자들이 후보에게 어떻게 반값 아파트 공급이 가능한지를 물었다. 그의 대답은 간단하고 명료했다. "내가 현대건설에서 아파트를 많이 지어봐서 알아요." 아파트 가격의 절반 이상이 땅값인데, 내가 대통령이 되면 국가적 차원에서 땅값을 내리겠다는 것이었다. 아마도 다른 후보가 그런 공약을 제시했다면 공약의 신뢰도가 현저히 떨어졌을 것이다.

메시지는 신뢰가 담보되지 않으면 무용지물에 가깝다. 아무리 좋은 메시지도 후보자가 실천해낼 수 있다는 신뢰성이 담보되어야 메시지로 살아남는다. 그런 점에서 정치 신인은 메시지 구사에 있어서 지명도 있는 정치인에 비해 불리한 처지에 있다. 지명도가 높다는 것은 그만큼 구사할 수 있는 메시지 신뢰성의 폭이 크다는 말과 같기 때문이다.

이 때문에 정치 신인은 철저한 지역구 분석과 자신의 이미지에 맞는 메시지 개발이 중요하다. 신인이 불리해 보이지만 다른 한편으로 생각해보면 그만큼 새로운 메시지를 만들어 선보일 기회가 많다는 뜻이기도 하다. 기존 정치인은 높은 지명도와 함께 부정적 이미지도 갖고 있기 때문이다.

좋은 메시지는 셋보다는 둘이 좋고 둘보다는 하나가 좋다. 선거에서 말이 많으면 오히려 독이 된다는 사실을 명심해야 한다. 첫째도 반복, 둘째도 반복, 셋째도 반복이다. 주위에서 "저 사람은 왜 같은 말만 되풀이 하지?"라고 평가가 들려온다면 성공한 것이다. 한번 정해진 메시지는 비록 반응이 좋지 않더라도 바꾸지 말고 일관되게 유지하는 것이 훨씬 효과적이다.

메시지 전략의 통일성을 유지하라

메시지는 일관성을 가지는 것과 동시에 전략적이어야 한다. 선거 기간

동안 후보자와 모든 인터뷰나 연설문은 일관된 메시지 전략 속에서 만들어져야 한다. 선거에서 후보자는 가능한 모든 말을 메시지화해서 유권자에게 전달해야 한다. 큰 틀에서 정해진 전략적 메시지를 중심에 두고 정책 메시지와 각 정치적 사안별 메시지가 통일성을 가져야 한다.

예를 들어 '공정'이라는 키워드가 메시지의 핵심이라면 후보의 모든 말은 '공정'이라는 키워드를 중심에 두고 만들어져야 한다. 핵심 정책의 방향도 '공정'에 맞추어야 한다. 정치의 방향도 '공정'으로, 주민 생활과 권리도 '공정'으로 전달되어야 좋다.

2011년 4월 강원도지사 재보궐선거에 민주당 후보로 최문순 국회의원이 출마했다. 강원도는 2010년 지방선거에서 이광재가 민주당 간판으로 처음 도지사로 당선될 정도로 보수의 철옹성 같은 지역이었다. 북쪽의 군사분계선이 맞대고 있는 군사 '접경지대'였기 때문에 지역의 분위기는 항상 평화보다는 군사적 긴장감, 대치적 상황이 더 우세했다. 그러기 때문에 남북 긴장과 갈등 담론을 활용해 한나라당의 승리가 예정되었다. 이런 분위기를 반전시키기 위해 최문순 후보는 접경지대 강원도 대신에 평화지대 강원도를 메시지로 들고 나섰다.

'평화지대'라는 말은 긴장을 완화하고 갈등을 화합으로 만드는 이미지를 가지고 있다. 평화 이미지는 민주당에게 유리한 메시지였다. 최문순 후보는 지역적 약점이었던 군사 접경지대에 '평화지대'라는 메시지를 제시하며 일관되게 전파했다. 공약 역시 메시지화하여 "남북평화공단 조성, 한반도 평화공원 설치" 등 평화의 이미지를 앞세웠다.

그 결과 최문순 후보는 강원도 선거 역사상 처음으로 군사 접경지대로 불리던 강원도 최전방인 화천, 양구, 인제 지역에서 승리하는 쾌거를 이루었다. 뿐만 아니라 철원과 고성에서도 근소한 차로 추격하는 기적을 만들어냈다. 평화메시지는 민주당의 정체성과 맞았을 뿐만 아니라 남북 갈등으로 인해 중단된 금강산 관광, 전쟁 불안으로 인한 관광객 감소와 군인들의 휴가가 줄어들어 타격을 입은 지역 경제 등 지역 유권자들의 불만과 요구를 정확하게 파고든 전략적 메시지였다.

유권자에게 나를 알리려면 어떻게 해야 할까

출마자에게 가장 시급한 것은 자신의 이름을 유권자에게 알리는 것이다. 일단 출마를 결심한 후보자는 가까운 친인척이나 지인에서부터 모르는 유권자까지 폭넓은 만남을 가져야 한다. 그러나 선진국처럼 자신의 홍보물을 들고 가가호호 방문이 불가능한 우리나라에서는 아무리 열심히 다녀도 도시의 경우 선거가 끝날 때까지 지역구 유권자의 5%도 만나지 못하는 것이 현실이다.

따라서 예비후보자 기간 전까지는 많은 사람을 만나기보다는 소수의 사람들과 친밀하게 접촉하는 것이 효율적이다. 대부분의 후보들은 인지도 제고에 급급해서 자신을 일방적으로 알리는 데 주력한다. 그러나 자신에 대해 이야기하는 것보다 유권자의 이야기를 들어주는 것이 더 호감을 준다.

유권자들의 이름과 얼굴을 먼저 기억하라

자신의 명함을 전달하려 노력하기보다는 유권자의 명함을 받으려고 노력하라. 명함이 없는 사람의 경우에는 수첩에 전화번호나 이메일 등 연락처를 받아 기록하는 것이 좋다. 특히 인터넷 홈페이지 등을 적극 홍보하고 상대방의 이메일을 확보하여 일상적으로 관리해야 한다.

만난 주민이 얘기한 내용을 함께 기록해서 회신할 내용이 있다면, 후보자가 직접 전화해 답변해주는 것이 좋다. 그러나 시간이 여의치 않고 전문적인 답변이 필요하다면 참모나 자원봉사자가 전화를 하는 방법을 선택할 수 있다.

수집한 명함이나 명단을 잘 정리하는 것이 중요하다. 수집한 명함명부를 컴퓨터 프로그램을 통해 정리하고 지속적으로 관리할 경우, 예비후보자 등록 이후에도 홍보물 발송이나 이메일, 문자메시지 발송 등에 매우 효과적이다.

만난 사람들을 잘 기억하는 것도 중요하다. 부지런히 다니면서 열심히 인사하고 악수를 했지만 유권자의 반응이 시큰둥하다고 호소하는 후보들이 있다. 그 이유는 십중팔구 유권자를 건성으로 대한 탓이다. 많이 만나는 것보다 제대로 만나는 것이 더 중요하다. 사람은 누구나 자신에게 관심을 가져주고 기억해주는 사람에게 호감을 갖기 마련이다.

열 번이나 만나서 악수하고 인사했는데도 못 알아보는 후보를 유권자는 어떻게 생각할까? 유권자를 기억하기 위해서는 메모하는 습관이 필요하다. 항상 기록하고 만난 사람의 이름, 얼굴, 특징 등을 외우는 수밖에 없다. 스마트폰을 이용하여 만난 사람과 사진을 찍어두는 것도 하나의 방법이다. 찍은 사진을 날짜별로 SNS에 게시하면 후보자의 기록 정리도 될 뿐만 아니라 열심히 활동하고 있다는 홍보도 자연스럽게 겸할 수 있다.

후원회 조직을 활용하라

이번 2022년에 진행되는 8회 전국지방선거부터는 지방자치단체장과 지방의원도 예비후보자 등록 이후부터 후원회를 설치할 수 있다. 헌법재판소에서 광역단체장 선거 예비후보자에 대한 후원회 개설을 제한하고 있는 현행법에 대해 헌법불합치 결정을 내렸기 때문이다. 그에 따라 국회에서 2020년 정치자금법 개정안을 본회의에서 통과시켜 법이 개정되었고, 선거자금이 부족한 정치 신인이나 청년후보들의 도전의 길을 넓혔다.

기초단체장과 지방의원 (예비)후보자는 선거비용 제한액의 최대 50%까지 후원금 모금이 가능하다. 후원금 모금을 위해서는 평소 알고 지내는 지인과 지지자들의 참여가 필요하다. 특히 10만 원 이하의 소액 후원금은 연말 정산에서 세액공제 등의 혜택이 있다는 것을 잘 활용하면 좋다. 후보자에게 10만 원을 후원하면 국가로부터 10만 원을 다시 돌려받을 수 있다는 의미이다. 친지나 동료들에게 이 제도를 잘 홍보하면 후원금도 모금하고 지지자도 확보할 수 있을 것이다

'250명의 법칙'은 인맥관리의 중요한 원칙이다. 한 사람의 평균 인맥은 약 250명 정도로 그 사람을 정성스럽게 대할 경우 그는 주변의 250명에게 우리 후보자에 대한 좋은 이야기를 하고 선거운동을 도울 수 있다는 것이다. 후보와 가까운 사람들로부터 후원이 시작되는 것이다.

후원회를 설치하면 후원회 사무소에 2명의 유급 사무원을 둘 수 있고, 후원회지정권자의 사진, 경력, 그밖에 홍보에 필요한 사항 등을 포함한 언론사 광고도 가능하다.

후원회로 선거비용이 부족할 때는 펀드 형태로 자금을 모금하기도 한다. 후보자 명의로 지인이나 지지자로부터 선거비용을 빌리는 방식이다. 펀드를 모금하면서 지지층의 결집을 도모하는 효과도 있다. 선거 후에 15% 이상 득표하면 선거비용 전액을 보전하고 10% 이상은 절반을 보전한다. 선관위로부터 보전 받은 선거비용으로 원금에 이자를 붙여서 돌려주면 된다. 이때 이자는 통상적인 금융기관의 이자로 지급한다.

선거법을 위반하지 않으려면
어떻게 해야 할까

본 선거 후보 등록을 마치고 난 후에는 짜여진 일정대로 진행된다. 특히 선거공보, 벽보 등의 인쇄물을 제출하는 일정을 반드시 지켜야 한다. 여론조사 관련한 신고, 선거사무원 교체 신고, 유세차 신고 등 다양한 선관위 신고 절차를 제대로 처리하지 못하면 홍보물이 유권자에게 발송되지 않거나 과태료를 부과 받아 선거 후에 당선 무효가 될 수도 있다.

선거공보, 벽보 등의 인쇄물에 의한 허위사실 유포는 당선 무효 등 심각한 위법 사항이 되기 때문에 학력, 경력 등의 표기에 주의해야 한다. 따라서 전문 홍보기획사에게 홍보물 기획을 맡겼을 경우뿐만 아니라 캠프 내부에서 홍보물을 스스로 제작했을 때에는 인쇄 전에 반드시 해당 선관위에 사전 점검을 받는 것이 필요하다. 선관위는 후보자들이 선거법을 위반하지 않도록 지도해주는 곳이기 때문에 후보자가 원하면 잘못된 부분을 수정하도록 정보를 제공해준다.

선관위의 기능을 잘 활용하라

일부 후보들은 선관위가 후보를 감시하는 곳이라는 편견을 가지고 거리를 두기도 한다. 물론 선거과정에서 불법행위를 감시하는 곳이 선관위이기도 한다. 그렇지만 후보자들이나 선거운동원들이 선거법을 위반하지 않도록 사전에 정보를 제공하여 미리 예방하는 곳도 선관위의 역할이기 때문이다.

선관위는 예비후보자 등록 시점 이전부터 기간별 주의 사항 정보를 제공하고 있다. 선거를 준비하고자 하는 후보자 또는 선거 기획을 함께하는 참모의 연락처를 미리 선관위에 등록하면 문자메시지나 이메일 등으로 자료를 제공해준다. 예비후보자 등록 시점에는 선관위 별로 정치관계법과 선거회계 등의 설명회를 진행하고 있으니 후보자나 참모가 참석하면 좋다.

선관위에 질의 사항이 있을 경우에는 반드시 문서 등으로 기록을 남기는 것이 필요하다. 공문서로 질의하기 어려운 경우에는 중앙선관위의 홈페이지에서도 개별적으로 질의가 가능하다. 선거법 질의 시에는 구체적인 상황, 내용을 적시하는 것이 효과적이다. 예를 들어, 거리 현수막을 게시하고자 하는 위치가 도로를 가로지를 경우에는 해당 도로명, 도로 사진 등을 분명히 적시하고 질의하면 회신도 구체적으로 돌아온다. 모호하게 질의를 하면 회신 역시 모호하게 온다는 점을 명심해야 한다. 출판기념회 초대장 인쇄 시에도 확정된 초안을 가지고 미리 문의하면 법을 위반해서 곤란한 경우를 당하지 않게 된다.

선거법을 위반하는 경우에는 후보자뿐만 아니라 사무원 등의 활동을 위축시키게 되어 선거캠프 전체에 영향을 미치는 경우가 많다. 최근에는 소셜 미디어 등으로 유권자들이 거리에서 후보자를 감시하기도 한다. 자칫 실수 하나가 큰 문제로 확산될 수 있는 가능성이 높다. 유권자들이 후보자들의 위법사항을 소셜 미디어 채널에 올릴 수 있으니 후보자뿐만 아니라 선거운동원들도 선거법을 준수할 수 있도록 교육시켜야 한다.

허위사실 공표와 후보자 비방에 주의하자

선거법의 허위사실 공표 금지는 당선을 목적으로 연설, 방송, 신문, 통신, 잡지, 벽보, 선전문서 기타의 방법으로 후보자(후보자가 되려는 사람 포함)에게 유리하도록 후보자, 그의 배우자 또는 직계존·비속이나 형제자매의 출생지·가족관계·신분·직업·경력 등 재산·행위·소속 단체, 특정인 또는 특정단체로부터의 지지여부 등에 관하여 허위의 사실을 공표하거나 공표하게 하거나 허위의 사실을 게재한 선전문서를 배포할 목적으로 소지하는 행위를 의미한다.

여기에는 학력을 게재하는 경우 선거법 64조①에 따른 방법으로

197

게재하지 아니한 경우도 포함하고 있으니 주의해야 한다.

　선거법 64조①의 학력 게재 내용은 다음과 같다. 학력을 게재하는 경우에는 정규학력과 이에 준하는 외국의 교육과정을 이수한 학력 외에는 게재할 수 없다. 이 경우 정규학력을 게재하는 경우에는 졸업 또는 수료당시의 학교명(중퇴한 경우에는 수학기간을 함께 기재하여야 한다)을 기재하고, 정규학력에 준하는 외국의 교육과정을 이수한 학력을 게재하는 때에는 그 교육과정명과 수학기간 및 학위를 취득한 때의 취득 학위명을 기재하여야 하며, 정규학력의 최종학력과 외국의 교육과정을 이수한 학력은 제49조제4항제6호에 따라 학력증명서를 제출한 학력에 한하여 게재할 수 있다

　후보자의 낙선을 목적으로 연설·방송·신문·통신·잡지·벽보·선전문서 기타의 방법으로 후보자에게 불리하도록 후보자, 그의 배우자 또는 직계존·비속이나 형제자매에 관하여 허위의 사실을 공표하거나 허위의 사실을 게재한 선전문서를 배포할 목적으로 소지하는 행위를 의미한다. 후보자비방도 금지하고 있으나 진실한 사실로서 공공의 이익에 관한 때에는 처벌하지 않는다는 예외조항이 있다.

허위사실 공표 및
후보자 비방 관련 위법 사례

☑ 실제로 □□대학교 □□대학원 고위관리자과정을 수료하였을 뿐, □□ 대학원을 졸업 또는 수료한 사실이 없음에도 불구하고 '□□대학교 □□대학원 총원우회 고문'이라고 기재한 인쇄물을 배부한 행위(졸업 또는 수료라는 문구가 없이 '학력'란이 아닌 '경력' 또는 '약력'란에 기재하였다더라도 '학력'의 개념을 포함하고 있으므로 허위사실공표죄에 해당)

☑ 사망한 직계존속의 채무를 등록대상재산에서 누락하는 방법으로 허위의 재산신고서를 제출하는 행위

☑ 국회의장으로부터 선거사무소 개소식 축전 및 축하화환을 받은 것처럼 가장하여 공표하는 행위

☑ 실제로 □□당 당원 983명이 A를 지지하기 위해 탈당한 것이 아니었음에도 불구하고 'A를 지지하기 위해 □□당을 탈당합니다. 동반탈당 당원 983명 일동'이라는 성명서를 발표한 행위

☑ 실제로는 상대 후보자가 정당한 사유로 종합소득세를 납부하지 않았을 뿐 근로소득세는 납부한 사실을 알고 있었음에도 불구하고 상대 후보자가 소득세를 납부하지 않았다는 취지의 연설을 하면서 그 세금이 종합소득세라고 특정하지 아니한 행위

'조중동'이냐 '고조흥'이냐

☑ 유세현장의 발언 유사성으로 인해 당선이 무효가 된 사건이 발생했다. 2004년 17대 총선에서 열린우리당 이철우 후보가 경기도 포천시·연천군 선거구에 출마하여 당선되었다. 이 지역은 군사분계선 인접 지역으로 오랫동안 보수성향의 후보가 당선되었던 지역이었기 때문에 진보성향의 열린우리당 이철우 후보의 당선은 주목을 받았다. 그러나 상대 후보인 한나라당 고조흥 후보가 후보 비방과 허위사실 유포죄로 이철우 후보를 고소했다. 결국 이 사건은 상고심에서 공직선거법 위반으로 250만 원이 확정되어 당선 무효가 되어 2005년 이철우 후보는 국회의원직을 상실하였다.

선거운동 당시 이철우 후보는 유세 현장에서 "조중동이 20~30대는 투표하지 말고 놀러가라고 한다"고 발언했다. 그러나 고조흥 후보 측에서는 "고조흥이 20~30대는 투표하지 말고 놀러가라고 한다"고 비방과 허위사실을 유포했다고 한 것이다. 이철우 후보 측은 서울대 음소실험과 국립국어연구원의 증인을 통해서 발음이 유사할 수 있다고 주장했으나 결과적으로 재판부는 이를 인정하지 않고 유죄로 판단했다.

step
21

선거유세차는
어떻게 준비해야 하나?

확성장치와 녹화기를 부착한 차량을 흔히 선거유세차라고 말한다. 이 선거유세차는 공개된 장소에서 연설 및 대담을 할 때 사용 가능하다. 연설과 대담은 선거운동기간 중에 오전 7시부터 오후 10시까지 할 수 있다. 다만 녹음기와 녹화기를 사용하여 연설 및 대담을 하는 경우에는 오전 7시부터 오후 9시까지, 휴대용 확성장치만을 사용하는 경우에는 오전 6시부터 오후 11시까지 사용할 수 있다.

선거유세차는 기존의 트럭에 확성장치와 녹화기 등을 추가로 설치하는 방식이다. 차량 외부에는 선거 홍보에 필요한 내용을 랩핑 방식 등을 이용해 디자인을 한다. 대부분 선거기획사를 통해서 정보를 제공

받아 계약을 하는데, 이때 가능하면 차량과 운전자는 지역 주민으로 섭외해 달라고 요청한다. 홍보기획사나 유세차 제작사 등으로부터 받은 제안서를 비교해보고 개별적으로 계약해도 된다.

지역에서 자체적으로 제작도 가능하다. 그런데 유세차 계약이 한 곳에 많이 집중된 경우에는 선거개시 당일에 차량 납품이 어려운 경우도 발생하기도 한다. 반드시 중간에 제작 일정과 납품기일 등을 확인해야 한다.

유세차 홍보는 '치고 빠지는' 방식으로

유세차의 연설, 로고송 음향 소음에 민원을 제기하는 유권자하고 선거운동원이 싸우는 경우를 종종 볼 수 있다. 특히 휴일 도심의 아파트 단지 등에서 선거소음으로 많은 다툼이 있다. 마케팅 전략에 '노이즈 마케팅'이라는 것이 있다. 유명인들이 일부러 악성 루머나 스캔들 등을 만들어서 온라인 등에 확산시키고 관심을 불러일으키려는 방식으로 사용된다. 유세차의 소음은 원하지 않는 주민들에게는 노이즈에 불과하다. 그렇다고 후보자나 지지자 입장에서 유세를 하지 않을 수 없기 때문에 피할 수 없는 선택이다.

가장 좋은 방식은 주민이 원하지 않는 곳에서는 유세차 소음을 최소화하는 것이다. 이전처럼 연설과 대담 중심으로 선거운동이 한정적일 때와 상황이 많이 달라졌다. 소셜 미디어 등 온라인 개인 미디어를 통해서 다양하게 홍보할 수 있는 공간이 많아졌다. 주민들이 모여 있는 웹사이트나 인터넷 카페 등에서도 충분히 후보자 홍보를 할 수 있다.

최대한 유권자 개인에 맞추어 홍보를 해야 한다. 결과적으로 노이즈는 후보의 이미지를 악화시킬 뿐 호감을 주지 않는다는 것이다. 그러나 선거 전략상 유세차를 이용한 홍보를 해야 한다면 주민 민원이 발생하지 않도록 최대한 빠르게 '치고 빠지는 방식'으로 이동하면서 진행하는 것이 좋다.

거주지 이외 지역을 이용해서 주제별 토크콘서트 등의 이벤트를 진행하는 것도 좋은 방식이다. 아파트 주민이 해결하기를 원하는 주제로 주민의 이야기를 듣고 후보자가 해결방안을 모색하는 방식으로 진행하는 것도 좋다.

tip 　선거별 선거운동 방법

구분		선거별					
		시·도지사	자치구·시·군의 장	시·도의원		자치구·시·군의원	
				지역	비례	지역	비례
선거운동 기구	선거사무소	○	○	○	○	○	○
	선거연락소	○	○	x	x	x	x

		구시군 수 (최소10인)	읍면동 수의 3배수+5인	10인	구시 군수 (최소 20인)	읍면 동 수	
선거사무원	선거연락소	읍면동 수	읍면동 수 3배수	X	X	X	X
	예비후보자 (사무장 포함)	5인	3인	2인	X	2인	X
예비후보자 홍보물		O (8면)	O (8면)	O (8면)	X	O (8면)	
예비후보자 공약집		O	O	X	X	X	X
선거벽보		O	O	O	X	O	X
선거 공보	책자형	O (12면)	O (12면)	O (8면)	O (8면)	O (8면)	O (8면)
	전단형	X	X	X	X	X	X
	후보자 정보공개 자료	O	O	O	O	O	X
선거공약서		O (16면)	O (12면)	X	X	X	X
현수막		O	O	O	X	O	X
어깨띠 등 소품		O	O	O	O	O	O
신문광고		O 5회 이내	X	X	X	X	X
방송광고		O 5회 이내	X	X	X	X	X
후보자 등 방송연설	후보자	O 각 5회이내	O 각 2회 이내	X	O 대표1인 각 1회	X	X
	연설원	X	X	X	X	X	X
방송시설 주관 후보자 연설 방송		O	O	O	O	O	O

한국방송공사 경력 방송		O 각 3회 이상	O 각 2회 이상	X	X	X	X
방송시설주간 경력방송		O	O	O	O	O	O
공개장소 연설·대담	차량	후보자/시도·구·시·군 연락소마다 1대	후보자마다 1대	후보자마다 1대	X	후보자마다 1대	X
	차량용 확성 장치	후보자/시도/구·시·군 연락소마다 1조	후보자마다 1조	후보자마다 1조	X	X (후보자마다 휴대용 확성 장치 1조 가능)	X
	녹화기	시도연락소 10㎡ 이내 구·시·군연락소 5㎡ 이내	5㎡ 이내	3㎡ 이내	X	3㎡ 이내	X
단체초청 대담·토론회	후보자	O	O	O	O	O	O
	대담·토론자	O	X	X	X	X	X
언론기관 초청 대담·토론회	후보자 대담·토론자	O	O	O	O	O	O
	후보자가 되려는 사람	O (선거일 전 60일부터)	O (선거일 전 60일부터)	X	X	X	X
선거방송토론위원회 대담·토론		O (1회 이상)	O (1회 이상)	X	O (1회 이상)	X	X
인터넷 광고		O	O	O	O	O	O
선거벽보 등 첩부 자동차		사무소· 연락소마다 5대 이내	후보자마다 5대 이내	후보 자마다 2대 이내	X	후보자 마다 1대 이내	X

interview 03

문자 100통을 보내는 것보다
만나서 소통하고 공감하고
관계 맺는 것이 중요하다

신정현(경기도 고양시 경기도의원)

Q1 정치를 시작하게 된 계기는 무엇인가?

2012년 국회의원선거 청년비례대표 출마 후 낙선을 하게 되었다. 낙선 이후 사회적 이슈가 되고 있는 지역(제주, 밀양, 평택)을 돌아다녔다. 이후 청소년활동, 청년활동을 지속적으로 펼쳐왔고, 2017년 말 지역 선배의 출마 권유로 본격적으로 출마 준비를 하게 되었다.

Q2 경선준비는 어떻게 했나?

정치 신인에게 가장 어려운 점이 바로 경선이라고 생각한다. 출마를 결심했던 시점에는 이미 경선을 100일도 채 남지 않은 시간이었다. 준비할 시간도 부족했고, 상대는 지역에서 정치를 오래 해왔던 베테랑이었다. 경쟁자에 비해 너무 늦게 시작했기 때문에, 경선 준비는 하되 당원투표까지 가면 어렵다는 것은 알고 있었다. 당원은 하루에 최대 10명까지 만나기 위해 노력하였고, 면접 준비에 더욱 힘썼던 것 같다.

Q3 공천 면접을 통해 단일 후보가 되었는데 노하우가 있나?

면접 당시 청년세대의 공정성 문제를 질문 받았다. 2018년 평창동계올림픽 하키팀의 남북단일팀 구성 문제가 불거지던 시기였다. 당시 문재인 정부의 큰 지지층이었던 20~30세대의 청년들이 단일팀 구성으로 한국 국가대표들의 올림픽 참여기회가 빼앗겼다고 생각하면서, 문재인 정부에 대한 기회 박탈과 공정성 문제가 제기되기 시작되었다는 답변을 했다.

정당 활동을 비롯하여, 마을공동체 활동, 청년 활동 등 다양한 활동을 하면서 시대정신, 사회의 이슈 등 고민을 꾸준하게 해왔고, 평소에 고민하던 부분이 질문으로 나와 큰 무리 없이 답변할 수 있었다. 정치에 도전하고자 한다면, 평소 사회의 이슈를 자신만의 언어로 표현하는 훈련을 하는 것이 필수적이라고 생각한다.

Q4 당원들을 만나면서 어떤 어려움이 있었나?

지역사회에서 청년운동가로 지명도가 높은 편이었지만 출마 전까지 지역위원회 활동을 하지 않았다. 그러다보니 지역위원회에서 한 게 없다는 핀잔부터 젊은 나이에 정치를 도전한다고 하니 건방지다고 하는 분까지 만나는 분들마다 경계하는 느낌이 들었다. 그런 상황에서 당원들을 만날 때 내가 어떤 사람인지, 어떤 일을 해왔는지, 어떤 정치를 할 것인지 설명하려 애쓰기보다 선배당원들의 이야기를 듣기 위해 노력했다. 설령 욕설과 비난이라도 감사하게 경청했다. 그게 당원들의 마음이었으니까…

그렇게 이야기를 듣다보니, 20년 넘게 당원생활을 해온 분이 출마하려는 후보 앞에서 이렇게 길게 이야기해보는 것이 처음이라는 말씀을 하셨다. 다음 모임에는 두세 분씩 더 데려와 소개해주겠다는 분도 생겨났다. 그렇게 한두 분씩 마음을 열고 이야기할 기회를 주셨고 직접적으로 지지를 표명해주시는 당원들도 늘어갔다. 과정 자체가 고무적이었다. 결과적으로 경선이 당원투표까지는 가지 않았지만 그때 만났던 당원선배들과 지금도 지속적으로 소통하고 있다. 많이들 착각하는 것이 명단을 확보하면 문자를 보내려고 하지만. 문자 100통을 보내는 것보다. 전화 드리고 만나고 소통하고 공감하며 관계를 맺고, 소통하는 것이 중요하다.

Q5 선거운동원은 어떻게 구성하였나?

선거운동은 단순하게 아르바이트로 참여할 사람들이 아닌, 후보를 가장 사랑하는 사람이 참여해야 한다고 생각했다. 그동안 마을공동체 활동, 청년 활동을 통해 나와 관계를 맺은 다양한 사람들이 선거운동원으로 함께하게 되었다. 페이스북에 모집 공고도 냈는데 순식간에 선거운동원 모집이 마감되었다.

기존 선거운동은 50분 유세, 10분 휴식으로 정례화되었으나, 우리 선거캠프는 후보자와 관계를 맺은 사람들이 대부분이었다. 나를 아들처럼, 형처럼, 동생처럼 여기는 마을의 동료들로 구성됐기에 쉬는 시간도 없이 정해진 선거운동시간을 모두 활용해가며 재미있게 선거운동을 펼칠 수 있었다. 비오는 날 복귀하자고 했을 때 한 장의 명함이라도 더 드리겠다고 남아 계시는 분을 보며 눈물을 흘렸다. 선거도 공동체답게!

Q7 본인만의 선거운동 방법이 있었나?

기존선거와는 달라야 한다고 생각했다.

우선 시민께만 빚진 정치를 하겠다는 슬로건으로 '신정현 펀드'를 만들어 약 230여 명에게 5,100만 원을 펀딩받았다. 선거가 끝난 후 1.5%의 금리를 가산하여 돌려드리고 나니 내가 부담한 선거비용은 300만 원도 채 되지 않았다.

나의 선거원칙은 유세차와 화면을 통해 후보를 만나는 것이 아닌, 유권자와 만나는 선거운동이 목표였다. 선거에서 모두가 하는 유세차를 선거운동에 활용하지 않았고, '뚜벅이 유세단'을 만들어 활동하였다. 뚜벅이유세단은 X-배너를 활용한 등배너를 짊어져 선거운동원이 곧 후보처럼 보이게끔 디자인했다. 휴대용 스피커를 직접 메고 대로가 아닌 골목으로 광장으로 찾아가 마주보며 연설했다. 유세차 없는 선거, 소음과 매연이 없는 선거를 만들었다.

또한 기존 선거유세 틀에서 벗어난 매일 정해진 시간과 장소에서 정책 콘서트를 열었다. 유권자가 많이 모이는 곳에서 버스킹 형식으로 유권자가 관심이 있을 만한 주제인 육아, 공동체, 환경 등 다양한 분야의 콘서트를 열어 즉석에서 질의응답을 진행하는 등 선거유세를 펼치는 데 노력하였다. 유권자가 마이크를 잡고 후보와 마주보며 정책과 정치를 토론하는 장면을 보기 위해 그 자리를 일부러 찾는 주민들이 점점 늘어났다. 과정에서부터 시민들에게 민주주의의 맛을, 정치의 효능감을 보여드리고 싶었는데 돌아보면 매우 성공적이었다고 자부한다.

Part

04

온라인 선거 캠페인

온라인 선거 캠페인,
왜 필요한가?

선거를 준비하는 사람들이 홍보 전략을 짜기 위해서는 유권자들이 선거 정보를 어떻게 얻는지 잘 파악해야 한다. 인터넷이 발달하기 전에는 전통적인 인쇄 홍보 매체가 효과적이었다. 가가호호 우편으로 배달되는 선거공보, 거리의 벽보와 현수막, 그리고 신문과 TV 등의 언론이 선거에 큰 영향력을 미쳤다. 하지만 통신 기술이 발달하고 인터넷 사용자가 급증하면서 이제 선거에서도 이메일, 홈페이지, SNS 등 새로운 인터넷 매체의 활용이 늘어나고 있다. 특히 인터넷을 활용한 선거 캠페인 활동은 상대적으로 공직선거법의 제약을 덜 받기 때문에 선거 준비 단계에서부터 철저히 대비한다면, 그만큼 홍보 효과를 볼 수 있다.

30대 중반의 ○○○ 씨 경우를 들어보자. 노트북을 구입하고자 하는 ○○○ 씨는 구입할 대상 제품을 선택하고 인터넷에서 검색해 기본 정보를 획득한다. 그리고 노트북 관련 인터넷 동호회와 IT 전문가 블로그 등에서 구입하고자 하는 노트북의 사용 후기 등을 검색해본다. 그리고 댓글에 남긴 다른 사람들의 의견을 고려한 후 최종 결정해 인터넷 쇼핑몰에서 노트북을 구매한다.

인터넷은 우리가 생활의 정보를 얻는 중요한 수단으로 자리 잡았다. 투표를 앞두고 후보자를 선택하는 데 필요한 정보를 얻는 과정도 이와 다를 바 없다. 인터넷 검색창에 후보자의 이름을 입력하고 관련 신문 기사, 블로그 글, 자신의 인터넷 동호회 등에 올라온 평가, 댓글 등의 글을 종합적으로 판단해 스스로 최종 선택하게 된다. 이전에는 주위 사람들의 입소문을 듣고 후보자를 결정했다면, 이제는 인터넷이라는 정보의 바다에서 내가 필요한 정보를 쉽게 찾아 직접 결정하게 된 것이다.

'나'에 대한 인터넷 검색 정보 관리는 꾸준히

수도권에 지역구를 두고 있는 △△△ 국회의원은 인터넷상의 정보 때문에 골칫거리를 안고 있다. 대학생 시절 학생 운동 경력과 통일 관련 사회 활동 등의 경력을 악용하는 네이버 지식인의 글과 댓글 때문이다. 네이버 검색 결과 화면에서 비교적 상위에 노출되는 지식인 코너는 질문과 답변 형식으로 구성되어 있는데, △△△을 검색해보면 "△△△ 의원이 전과 3범이라는데 맞나요?"라는 질문뿐만 아니라 답변 역시

△△△ 의원을 폄훼하는 내용으로 기술되어 있다.

　이런 내용의 질문들이 꼬리를 물고 계속 노출되고 있지만 해당 의원실에서는 어떻게 해야 할지 몰라 골머리를 앓고 있었다. 네이버 측에도 허위 사실이라고 해당 게시물의 삭제를 요청했지만 전과 기록 등에 대한 내용 그 자체를 허위 사실로 볼 수 없어 삭제가 어렵다는 답변만 돌아왔다.

　자신의 이름을 포털 사이트 검색창에 일주일 단위로 입력해 내 정보가 어떻게 나오는지를 정기적으로 관리할 필요가 있다. 내 프로필 정보가 제대로 올라와 있는지, 검색 화면의 상단 부분에 노출되는 언론 기사가 우호적인 내용인지, 네이버 지식인, 블로그, 카페 등의 게시글과 댓글 등에 악의적인 정보가 담기진 않았는지 등을 살펴봐야 한다. 악의적이거나 왜곡된 내용의 글을 삭제하거나 정정을 요구하는 데에도 상당한 시간이 필요하다. 바로 삭제 조치가 되지 않아 오랫동안 검색에 노출되고 다른 사이트에 이른바 '퍼나르기'가 되어 후보자의 이미지에 나쁜 영향을 미치게 될 수 있으므로 정기적인 관리는 필수다.

　이런 경우에는 자신에 대한 좋은 정보를 많이 올리고 공감을 얻어 왜곡된 글이 먼저 노출되는 것을 막는 일명 '밀어내기' 방식이 가장 쉬운 대처법이다. 심각한 명예훼손이나 허위 사실이라고 판단되는 경우, 포털 관리자에게 삭제를 요청하고 사안에 따라서는 법적 대응 등을 진행하는 것도 고려해야 한다.

　그렇기 때문에 평소 인터넷 공간에 자신을 홍보할 수 있는 좋은 콘텐츠를 정기적으로 게시하는 것이 중요하다. 많은 사람이 공감할 수 있는 콘텐츠를 인터넷에 올리는 것은 나에 대한 정보를 홍보하는 방법일 뿐만 아니라, 부정적이고 왜곡된 정보가 인터넷 이용자들에게 쉽게 노출되지 못하도록 막는 일석이조의 방법이다.

온라인 선거 캠페인의 장점 5가지

이제부터 온라인 선거 캠페인의 장점을 하나씩 살펴보기로 하자.

첫 번째 장점은 선거운동기간 이전에도 상시적인 활동이 가능하다는 것이다. 예비후보자 등록기간 이전에 출마 준비 지역에 대한 자신의 정책, 철학, 활동 등을 개인 홈페이지 등에 게시하여 다른 사람들에게 알리는 행위는 공식적으로 가능하다.

두 번째 장점은 비용 대비 효과적이라는 점이다. 선관위가 인터넷 등을 활용한 온라인 활동을 허용한 것은 "돈은 묶고, 입은 풀겠다"라는 취지에서다. 온라인 활동의 경우 미리 계획을 수립해 준비하면 비용이 들지 않고 일상적으로 캠페인을 할 수 있다. 각종 포털 사이트 등에서 무료로 제공하는 블로그, 인터넷 동호회, 유튜브, 트위터, 페이스북 등이 자신을 알리는 캠페인 도구가 될 수 있다.

세 번째 장점은 24시간 운영할 수 있다는 것이다. 출마를 결심하고 제일 먼저 준비할 일은 사무실을 구하는 것이다. 누구나 사람들의 왕래가 많은 교통 요지에 잘 보이는 사무실을 구하고 싶어 하지만, 임대비용이 만만치 않다. 선거운동기간 이전이라도 선거를 준비하고 기획하기 위해서 후보자가 될 사람은 개인적으로 사무실을 운영할 수 있다.

그러나 건물 외부에 자신의 출마 사실을 알리는 간판이나 현수막 등을 내걸 수는 없어 실질적인 효율성은 떨어진다. 작은 사무실을 운영하더라도 임대비용, 전화 등의 집기 구입 등에 들어가는 비용을 무시할 수 없다. 여기에 외부에서 찾아오는 손님을 맞이하고 연락 등을 취해 줄 수 있는 상근자 한 명 정도를 두려면 인건비도 나가게 된다.

현실이 이렇다 보니, 온라인상에서 블로그, 카페 등을 활용해 자신의 온라인 사무실을 둔다면 저비용으로 '스마트 오피스smart office'를 운영하는 효과를 볼 수 있다. 오프라인 사무실은 퇴근 시간도 있고 휴일도 있지만, 온라인상의 스마트 오피스는 24시간 개방이 가능하다. 자신의 블로그나 SNS 등에 사람들이 방문하여 문의하거나 글을 남기면, 바로 스마트폰에 연동해 연락을 받을 수 있어서 별도의 상근자를 둘 필요도 없다. 네이버 혹은 다음 카페 등을 스마트 오피스로 활용하고 자신의 스마트폰에 카페나 블로그 애플리케이션(이하 앱)을 설치하면 방문자의 글을 하나도 빼놓지 않고 바로 알려주는 알림기능이 있어 편리하다.

네 번째 장점은 나만의 신문과 방송 등 개인 미디어를 운영할 수 있다는 것이다. 홍보 활동 중 가장 많이 신경 써야 하는 부분은 신문이나 TV 등의 언론 노출이다. 후보자들이 언론 노출에 신경을 많이 쓰는 이유는 한 번에 많은 사람에게 자신을 알릴 수 있을 것이라는 기대감 때문이다. 그러나 그런 기회를 잡기란 그리 쉽지 않다.

블로그나 카페에 자신의 활동을 취재 형식으로 꾸준히 올리고 그 내용을 모아서 주간 단위로 이메일을 발송하면 나만의 개인 인터넷 신문이 될 수 있다. 스마트폰이나 디지털 카메라의 동영상 촬영 기능을 이용해 자신의 활동 영상을 만들어 블로그, 유튜브에 동영상 뉴스를 제작해 배포하는 것도 나를 알릴 수 있는 색다른 홍보 방법이다.

다섯 번째 장점은 인터넷을 활용한 적극적인 홍보 활동 자체가 '나의 새로운 이미지'가 될 수 있다는 것이다. 온라인 소통 수단인 페이스북, 카카오채널, 유튜브, 인스타그램, 틱톡 등의 계정 정보를 명함에 반드시 넣어야 한다. 명함을 건네주면서 "페이스북 친구하시죠", "유튜브 구독해주세요"라고 한마디 건넨다면 뉴미디어로 소통하는 센스 있는 후보자로 기억될 것이다.

스마트폰의 카카오톡 프로필 편집 화면에서 카카오톡 아이디 만들기를 해놓으면 상대가 내 전화번호를 저장하지 않더라도 아이디로 카카오톡 친구를 추가할 수 있으니, 명함에 카카오톡 아이디를 만들어 넣으면 좋다. 지역 주민이 후보에게 제안이나 민원 사항을 묻고 싶을 때에도 전화통화보다는 카카오톡 메시지를 보내는 것이 더 편리하고 효과적이다.

tip

온라인 선거운동 관련
공직선거법상의 유의 사항

☑ 인터넷 홈페이지 선거운동
본인 또는 타인이 개설한 인터넷 홈페이지(포털 사이트, 카페, 블로그 등) 또는 그 게시판 등에 글이나 동영상 등 정보를 게시 가능함.

☑ 전자우편(이메일) 이용 선거운동
예비후보자나 후보자 등이 전송 대행업체에 위탁하여 선거운동 정보를 대량으로 배포할 경우에는 제목 시작 부분에 '선거운동정보'를 표시하고, 수신 거부 의사 표시를 쉽게 할 수 있도록 조치를 취해야 함.

☑ 문자메시지
자동동보통신에 의해 전송할 경우에는 예비후보자와 후보자는 총 8회 발송 가능하며 '선거운동정보'를 표시하고, 수신 거부 의사 표시 조치 및 후보자 전화번호를 명시해야 함. 단, 휴대전화기 자체 프로그램의 주소록에서 20인 이하의 그룹을 미리 설정하여 그룹별로 문자메시지를 전송하는 것은 프로그램을 이용하는 방식에 해당되지 아니함.

☑ 트위터 등 SNS 이용 선거운동(카카오톡 등 메신저 포함)
허위사실 유포 금지, 투표 당일에도 지지호소 등 선거운동 가능. 투표용지를 촬영하거나 자신이 투표한 후보자를 나타내는 사진은 불가능함.

tip

도전,
나만의 인터넷 방송국

☑ 인터넷 방송국을 위한 무료 플랫폼 선택

아프리카TV, 네이버TV, YouTube, TikTok 등에서 한 개의 플랫폼을 선택하거나 두 개 이상의 플랫폼을 동시에 선택해 운영해도 됨. 최근에는 유튜브 채널의 시청자 층이 넓어져 많이 활용하고 있으며, 젊은 층에서는 틱톡 이용자가 확대되고 있음.

☑ 인터넷 방송국 활용한 선거운동

스마트폰 등으로 후보의 활동을 소개한 영상 등을 편집하고 유튜브 등 플랫폼에 만들어놓은 본인의 채널에 제작한 영상을 업로드. 본인의 채널의 구독자가 많다면 좋으나 그렇지 않은 경우에는 먼저 구독자 수를 확보해야 함. 주변 지인들에게 자신이 채널을 만들어 운영 중이라는 것을 알리고 구독 요청을 해야 함. 구독을 할 때는 자신의 채널에서 새로운 콘텐츠가 업로드되는 것을 자동으로 알림을 해주는 설정도 함께 알려주는 것이 좋음. 새로운 콘텐츠가 생기면 지인들이 많이 시청할 수 있도록 문자메시지, 카카오톡 메시지 등으로 전달하는 것도 필요.

☑ 라이브 방송하기

선거사무소 개소식, 출판기념회, 그리고 선거유세 등을 할 때 유튜브 채널을 이용해서 라이브 방송할 수 있음. 최근에는 유세현장이 썰렁한 곳이 많은데 유세에 대해 유권자들의 관심도 떨어질 뿐 아니라, 바쁜 일상 속에서 낮 시간에 동네에서 진행되는 유세를 찾아가 볼 여력도 없기 때문임. 그래서 선거유세도 아침과 저녁의 출퇴근 인사, 주말 시간대, 시장이나 쇼핑센터 앞에서 이루어지는 것임. 이런 문제를 극복하기 위해서 선거유세를 라이브 방송으로 진행하여 현장에서 오지 않아도 인터넷으로 시청하도록 하는 것도 좋음. 토크쇼 형태로 라이브 방송을 하고 대화창의 질문에 대해 답변하는 소통형식의 유세도 유행하고 있음.

step
23

온라인 선거 캠페인,
무엇을 준비해야 할까?

홍보 매체를 선정하는 데 있어 가장 기본적인 것은 해당 매체를 누가 사용하는가, 어떤 특징이 있는가를 파악하는 일이다. 인터넷 등의 온라인 매체를 익숙하게 사용하는 사람들은 상대적으로 컴퓨터에 익숙한 40대 이하 젊은 연령층이고 사무직의 화이트컬러 계층이 많다. 그래서 온라인 선거 캠페인은 당연히 2030세대용 전략으로 활용되어 왔다. 그러나 최근 온라인 트렌드를 보면 40대 이상 연령층에서도 인터넷 사용자가 늘고 있다. 스마트폰의 빠른 보급이 인터넷 사용층 확대에 기여했다고 볼 수 있다.

2020년 국내 소셜 미디어 연령별 월평균 이용자 수 자료를 보면,

국내 소셜 미디어 이용현황 (단위: 명)

	10대	20대	30대	40대	50대
1위	221만	493만	440만	502만	544만
2위	191만	386만	319만	298만	297만
3위	86만	178만	268만	266만	177만

※ 월 평균 이용자 수는 2020년 1분기(1~3월) 내 월별로 발생한 이용자 수의 산술평균값.
자료 = DMC미디어

각 세대별로 소셜 미디어 채널 선호도도 다르다는 것을 알 수 있다. 먼저 10대의 경우 페이스북 이용자 수가 가장 많다. 특히 10대들은 자신들만의 소통 메신저로 페이스북 메신저 기능을 많이 사용하고 있다. 패션와 트렌드 등에 민감한 20대와 30대는 인스타그램 이용자 수가 가장 많다. 그리고 40대와 50대는 네이버밴드의 이용자 수가 상대적으로 많은데, 그 이유는 동창회 등의 모임이 밴드를 중심을 이루어지고 있기 때문이다.

이러한 소셜 미디어 채널별 이용자 특성을 잘 활용해야 한다. 선거 캠페인에서 자신의 전략적 타깃층을 고려하고 그에 따른 주력 채널을 선택해 운영해야 한다. 인력과 시간 등이 많다면 여러 채널을 운영할 수 있지만 그렇지 않은 경우는 자신의 전략을 고려해서 어떤 채널을 운영할지 선택해야 한다.

자칫 여러 채널을 운영하다가 전체적으로 부실해질 수도 있다. 이러 문제점이 발생하기 전에, 주요 홍보 타깃의 연령대 등을 고려하고 이용자가 많은 소셜 채널 1~2개 정도를 집중해 운영하는 것이 좋다.

온라인 선거 캠페인 매체의 유형부터 파악하자

온라인 선거 캠페인에 활용되는 매체는 크게 일방향 매체와 쌍방향 매체로 나눌 수 있다. 일방향 매체는 후보자가 얻는 유권자 데이터를 토대로 홍보 내용을 해당 매체에 담아 일방적으로 전송하는 방식을 취한다. 이메일 주소나 핸드폰 번호 등의 유권자 개인 정보만 있으면 저렴한 비용으로 많은 대상에게 한꺼번에 발송할 수 있다는 장점이 있다.

반면에 발송 대상자의 정확한 정보를 얻는 과정이 쉽지 않고, 대량 발송할 경우 스팸 등으로 인식되어 받는 사람이 불쾌감을 느낄 수 있다는 단점도 고려해야 한다. 선거 정보 수신을 원하지 않았던 사람이 이메일이나 문자메시지를 받게 되면, "내 정보를 어떻게 알았지?" 하고 의심을 하게 된다. 이는 결과적으로 유권자들이 후보자에 대해 부정적 이미지를 갖게 될 수 있다는 점을 감안해야 한다.

반면 쌍방향 매체는 정보를 제공해주는 사람이 매체를 어떻게 운영하느냐에 따라 '관계 맺기'가 결정된다. 그래서 일방향 매체에 비해

온라인 선거 캠페인 매체의 종류

일방향	이메일, 핸드폰 문자메시지, 인터넷 배너 광고 등
쌍방향	카카오톡, 트위터, 페이스북, 블로그 및 홈페이지, 인터넷 카페 게시판 등
기타	지식인 등 포털 사이트의 게시판

시간과 노력이 더 들고 관리의 어려움이 있다는 단점이 있으나 직접적으로 관계와 반응을 확인할 수 있다는 장점이 있다. 트위터나 페이스북 등 SNS 매체를 꾸준히 잘 관리하면 수십만 명의 친구 관계가 맺어져서 오히려 TV 방송보다 더 큰 영향력을 가질 수도 있다. 그러나 개성적이면서 동시에 공감대를 형성할 수 있는 메시지나 콘텐츠를 매일 생산하고 꾸준히 소통하는 노력이 필요하기에 결코 쉬운 일은 아니다.

관계망 구축과 콘텐츠 구축을 동시에

소셜 미디어를 활용하여 온라인 선거 캠페인을 하기 위해서는 기본적인 '관계망'이 구축되어야 한다. 우리 지역 이웃, 학교 동문회, 당원, 직장동료, 향우회, 취미모임 등을 통해 연결된 소셜 미디어 이용자를 찾아 꾸준히 관계를 맺어야 소통이 가능하다.

소셜 미디어 채널은 나와 관련 있는 인맥을 찾아주는 기능을 제공하고 있다. 인맥 관계를 형성하기 위해서는 기본적으로 나의 정보를 충분히 제공해주어야 한다. 나의 이름, 나이, 출생정보, 직장정보, 학교

정보, 거주지, 취미, 관심분야 등을 모두 입력해야 한다. 나의 정보를 공유하지 않는다면 채널에서도 다른 사람의 정보를 공유하지 않는다.

관계망 만드는 것과 캠페인을 위한 홍보 콘텐츠 올리는 것을 동시에 진행된다. 내 소셜 미디어 공간에 콘텐츠가 없으면 아무리 열심히 친구 신청을 해도 사람들은 수락하지 않는다. 반대로 열심히 콘텐츠를 올려도 친구가 없으면 외부로 알려지지 않는다. 지역의 유명한 인플루언서와 친구 관계를 맺거나 활성화된 페이스북 그룹에 가입해서 일종의 '편승 효과'를 보는 것도 고려할 만하다. 페이스북 등의 지역, 취미, 관심사별 그룹에 가입해서 정보를 교환하고 서로 친구 관계를 맺는 것도 온라인 인맥을 넓히는 방법이다.

tip 소셜 미디어 운영의
핵심 요소

☑ **① 참여:** 소셜 미디어는 어떤 주제에 관심이 있는 사람들이 상호 간에 자발적으로 지식, 의견, 견해 등 피드백을 공유하는 것을 촉진시켜줌. 이른 바 '눈팅족'은 좋은 평가를 받지 못함.

☑ **② 개방:** 사용자 간의 피드백 및 참여에 대해 매우 개방적이기 때문에 사용자 간의 정보 공유, 댓글, 피드백, 투표 등을 쉽게 할 수 있음.

☑ **③ 대화:** 기존의 언론 매체들이 정보를 독자들에게 일방적으로 알리는 방식이었다면, 소셜 미디어는 독자와 쌍방향으로 대화하는 형식을 취함. 상대의 글을 공유 시에도 자신의 의견을 첨부하여 새로운 글로 만들 수 있음.

☑ **④ 커뮤니티:** 온라인상에서 뉴스, 정치적 이슈, 좋아하는 드라마 등 동일한 관심을 갖고 있는 네티즌들이 관련 주제를 중심으로 빠르게 모이고, 그것에 대해 효율적으로 커뮤니케이션하는 것을 가능하게 해줌. 페이스북 페이지나 그룹 등은 개인 채널의 한계를 개선하여 이슈별로 집중해볼 수 있는 기능으로 활용됨.

☑ **⑤ 연결:** 하나의 공간에 링크와 여러 종류의 미디어를 서로 결합하는 과정을 거쳐 다양한 관계를 구축하기 때문에 미디어의 효과를 더욱 증대시킴.

어떤 홍보 콘텐츠를
만들어야 할까?

온라인 선거 캠페인의 가장 큰 걱정거리는 글을 쓰고 사진도 올리면서 계속 홍보 콘텐츠를 만들어야 한다는 것이다. 후보자들은 자신의 명성만으로도 많은 사람이 찾아와서 친구 맺기를 신청할 것이라 생각하지만, 가만히 앉아서 아무것도 하지 않으면 아무도 오지 않는 곳이 바로 소셜 미디어다. 하지만 막상 내 생각을 멋지게 정리해서 소셜 미디어에 올리려고 하면 생각보다 어렵고 귀찮게 느껴진다. 그렇다면 무엇을 어떻게 써야 많은 사람으로부터 공감을 얻고 SNS에서 관계를 늘릴 있을까?

나의 작은 일상을 공개하고 공감을 얻어라

온라인 홍보의 기본은 나의 일상 공유이다. 사람들이 가장 재미있어 하는 일 중 하나가 남의 일상을 엿보고 참견하는 것이기 때문이다. 이런 면에서 보자면 소셜 미디어가 전 세계적으로 성공할 수 있었던 것도 다른 사람들이 무엇을 하는지 평소 궁금했던 것을 '공유'라는 명분으로 해소시켜줬기 때문이다.

소셜 미디어 콘텐츠의 대부분은 '나의 작은 일상을 공개하고 공감을 얻는 것'에서 출발한다. 아침 출근시간이 되면 소셜 미디어에는 "지금 여의도를 지나는데 차가 너무 막힌다", "지하철 2호선에 사람이 너무 많아 짜증난다"는 글이 많이 올라온다.

점심시간에는 "오늘 점심은 뭘 먹어야 하나?" 묻기도 하고, "지금 냉면을 먹고 있다"며 냉면 사진을 찍어서 올리기도 한다. 그 내용을 본 사람 중에는 냉면 사진을 보고 갑자기 군침이 돌아 그날 점심을 냉면으로 먹고 자기가 먹은 냉면 사진을 올리는 이도 있다. 그리고 곧 페이스북의 타임라인에는 자신들이 알고 있는 냉면 맛집을 추천하는 글로 채워지게 된다.

저녁에는 잔소리하는 상사 때문에 퇴근도 못하고 회사에 남아 조용히 상사를 욕하면서 "오늘 야근하는 사람?" 하고 글을 올린다. 그리고 야근하는 사람들이 해당 글을 공유하면서 공감의 글을 보내는 식이다. 이렇게 자신의 일상을 친구들과 카페에 모여서 재잘거리듯 수다를 떠는 것이 소셜 미디어 글쓰기의 시작이다.

최선경 전 홍성군 군의원의 페이스북은 지역에서 만난 사람들을 기록하고 있다.

충남 홍성군의 최선경 전 군의원은 '선경 씨가 만난 사람'이라는 주제로 지역의 식당, 행사장 등에서 만난 사람들을 기록하고 있다. 특히 지역 맛집을 소재로 한 가게 소개, 음식 정보가 알차다.

인천 서구의 이학재 전 국회의원은 유튜브 이학재TV를 운영하고 있다. '이학재의 동네방네'라는 코너에서 자신의 지역구 식당을 투어하고, 식당 음식을 직접 시식하면서 이른바 '먹방'을 하고 있다.

일반적으로 정치인들의 소셜 채널은 자신이 주인공인 사진이나 동영상을 올리는 경우가 다반사다. 그런데 최선경 전 군의원의 페이스북 게시글과 사진에는 지역 주민들의 사진이 가득하다는 점이 독특하다. 검색을 통해서 자신이 원하는 맛집정보를 검색하다가 최의원의 페이스북을 통해 좋은 맛집 정보를 얻게 된다면 채널 구독으로 이어지고 온라인 인맥을 넓히게 된다. 정치적 메시지가 없다고 선거 캠페인에 도움이 되지 않을까 우려하기 쉽다. 오히려 알찬 지역 정보를 통해서 지역을 잘 알고 있다는 인상을 줄 수 있다.

이학재 전 국회의원의 유튜브 콘텐츠는 한때 구독자가 8만 명이 될 정도로 유명했다. 일반적으로 유튜브 채널 콘텐츠 중 단연 으뜸은 '먹방'이다. 이 전 국회의원의 먹방 콘텐츠는 정치와 상관없지만 조회 수가 높다. 아마도 인천 지역에서 맛집을 찾는 사람들이 검색을 통해 시청했을 것이다. 사진으로 전달할 수 없는 음식 영상과 맛깔난 음식평 등이 보는 이들에게 군침을 흘리게 만들 정도다.

영상에는 식당 주인도 등장하고 식당의 주소, 메뉴 등을 상세히 안내하고 있다. 지역 자영업자들에게는 광고비를 쓰지도 않고 지역 국회의원이 공짜로 홍보를 해주고 있으니 당연히 의원의 이름을 기억하게 된다.

나만의 시사 논평 쓰기

아침에 신문을 읽고 나서 좋은 기사, 나쁜 기사, 꼭 알아야 할 기사 등을 트위터나 페이스북에 올리는 사람들이 많다. 기사를 올리는 사람 중에서 나랑 관심사가 같은 사람이 있으면 친구 맺기를 한다. 그러면 따

강득구 국회의원은 지역 주민을 만나 인터뷰한 내용을 '득구있다'라는 제목의 동영상 콘텐츠로 연재하고, 해당 내용을 페이스북 페이지에 소개하고 있다.

로 기사를 찾는 수고를 들이지 않아도 되기 때문이다. 출마를 준비하는 사람은 언론 등의 뉴스에 민감하고 빠짐없이 체크하고 있다. 내가 읽은 기사를 혼자만 알고 있지 말고 소셜 채널에 공유하는 것도 좋은 콘텐츠가 된다.

단지 기사만 공유하는 것은 재미가 없다. 사회적 이슈나 정책 등에 관한 뉴스가 있을 때에는 자신의 정치적 철학이나 신념이 드러날 수 있도록 나만의 짧은 논평을 함께 올리는 것이 좋다. 사람들이 논평을 보고 댓글을 달거나 공유를 해주기도 하고 '좋아요' 버튼을 누르거나 공유를 하기도 한다. 이를 통해 인터넷상에 내 의견이 전파될 수 있는 좋은 기회로 삼아야 한다. 논평을 올린 후에는 사람들이 어떤 글에 공감을 많이 하는지 여론을 살펴보는 것이 좋다.

내 친구나 지인을 소개해보자

출마를 결심한 사람들은 식사 시간과 주말이 더욱 바쁘다. 남들이 일 하느라 바쁜 시간에는 찾아가도 만나기 어렵고 오히려 민폐가 될 수 있기 때문이다. 그러다 보니 퇴근 후 식사자리를 약속해서 만나거나, 주말이나 휴일에 산악회, 조기축구회 등을 찾아가거나, 교회, 성당, 사찰 등에 나가 종교 생활을 하며 사람들을 만날 수밖에 없다. 이러저러한 약속으로 사람들을 만나서 얘기를 나누는 시간이 많아지는데, 이러한 일상의 약속도 나의 소셜 미디어에서는 중요한 소재가 될 수 있다.

지역의 봉사단체 활동이나 동호회, 계모임 등을 하고 있다면 행사 내용이나 회원들의 활동 사진들을 올려주는 것도 좋다. 업로드한 지인의 사진 혹은 글을 당사자에게 보내주고 방문을 유도하는 것도 자신의 소셜 미디어 관계를 늘리는 방법 중에 하나다. 나의 활동 공간 속에서 최선을 다하는 사람들, 유명한 동문 등을 찾아가 자신에 대한 평가, 추억 등을 글과 사진, 동영상 등으로 구성하면 좋은 콘텐츠가 된다.

콘텐츠 관리, 이렇게 하자

꾸준한 글쓰기가 무엇보다 중요하다. 즉, "새로운 콘텐츠가 얼마나 자주 업데이트 되는가"가 성패를 좌우한다. 개인이 운영하는 경우, 정기적으로 새로운 글쓰기가 어려울 수 있다. 그렇기 때문에 처음부터 글의 메뉴를 너무 많이 만들지 않는 것이 좋다. 의욕만 앞서 다양한 주제로 메뉴를 만들 경우 나중에 한 개 이상의 글도 쓰기 어려울 수 있다. 처음

채현일 서울 영등포구청장은 자신의 페이스북 게시글에 달린 댓글에 모두 피드백을 하고 있다.

에는 일기처럼 분류에 상관없이 편하게 글을 쓰다가 추후에 모아진 글을 토대로 재분류하여 글 메뉴를 잡아가는 것이 손쉬운 방법이다. 블로그를 기준으로 보면, 적어도 2~3일에 1개 이상의 글을 새롭게 올리겠다는 목표를 가지고 운영하는 것이 필요하다. 그래야 한 번 방문한 사람이 호기심을 갖고 재방문을 하게 될 것이다.

블로그나 페이스북 등에 글을 올린다는 것 자체가 스스로 "여러분과 소통하겠다"는 의지를 보이는 행위이다. 그런데 정작 글은 열심히 쓰면서도 다른 사람의 글에는 무관심한 태도를 보이면 재방문도 줄어

들고 소재도 고갈될 수 있다. 다른 사람들과 소통하게 되면 훨씬 더 좋은 의견과 표현 등을 참조할 수 있게 된다.

좋은 글을 쓰는 노력만큼 내 글에 댓글을 달고 관심을 보여주는 사람들에 대한 관리 역시 게을리해서는 안 된다. 페이스북의 '좋아요', 트위터의 '리트윗' 등의 호감 표시를 하게 되면 스마트폰으로 실시간 알람이 가게 된다. 알람을 통해서 '○○○님이 좋아요'를 눌러줬다고 푸시 알람이 가면 이것을 통해 자신을 다시 한번 노출하는 계기를 마련할 수 있다.

후보자 선택도
인터넷 검색이 좌우한다

출마를 준비하고 언론 기사 등에 노출이 되면 지역 유권자들은 호기심이 생기고, 네이버 등의 포털 사이트에서 후보자 이름을 검색해본다. 검색 결과에서 가장 상단에 노출되는 것이 인물정보다. 이름과 사진, 학력, 나이, 주요 경력, 그리고 홈페이지, 소셜 채널 등의 다양한 정보를 볼 수 있다. 그런데 간혹 정확하지 않은 정보가 입력되거나 검색 정보가 없는 경우도 있다.

검색 정보가 잘못되었거나 누락되어 추가하고 싶은 경우에는 포털 사이트에 정정 신고를 하면 절차에 따라 수정해준다. 때로는 수정 내용에 대한 관련 자료를 요구하는 경우도 있다. 특히, 소셜 채널 주소가 누락된 경우는 바로 수정 요청을 해야 한다. 채널을 여러 개 운영하는 경우 우선순위를 정해서 수정 요청을 할 수 있다. 포털 사이트에서 나에 관한 정보를 반드시 업데이트 하는 것이 중요하다는 점을 잊지 말자.

나와 관련한 뉴스 리스트 확인하기

선거 일정이 다가오면서 중앙 언론과 지역 언론 등에서 인터뷰, 취재가 많아지고 출마예상 후보에 대한 동정기사도 쏟아지게 된다. 여론조사가 진행되는 경우에는 해당 조사결과가 기사로 나오게 되면서 선거 구도 싸움이 시작되는 것이다.

후보 이름을 검색하고 뉴스 분야에 어떤 기사가 나오는지 정기적으로 확인해봐야 한다. 검색 결과 중에 부정확한 사실이 나오거나, 인터뷰한 사실과 다른 내용이 기사화되었을 경우에는 해당 언론사와 기사를 상대로 정정 요청을 해야 한다. 작은 언론사 기사라고 할지라도 잘못된 기사가 노출되고 방치될 경우에 나중에 걷잡을 수 없을 정도로 커지는 경우가 많다. 특히 블로그나 소셜 미디어 채널 등에서 해당 기사가 확산되는 경우다. 뒤늦게 기사 정정요청을 해서 해당 언론사 웹사이트에서 기사를 삭제하더라도 개인의 소셜 미디어 채널에 기사가 올라가 있는 경우는 삭제가 어려울 수 있기 때문이다.

인터넷 카페, 블로그, 소셜 미디어 대응하기

개인이나 사적인 모임, 아파트 주민 모임, 엄마들의 모임 등에서 운영하는 인터넷 카페가 다양하게 구성되어 있고 많게는 수십만 명의 회원을 가지고 있다. 선거기간이 되면 인터넷 카페에서 해당 지역의 후보자에 대한 다양한 정보가 올라가게 된다. 후보자 캠프에서 게시하기도 하고, 회원이 스스로 올리기도 한다. 상대 후보 측에서 부정적 기사를 의도적으로 배포하기도 한다. 이러한 경우에는 다른 카페나 개인 소셜 미디어 채널 등으로 빠르게 확산될 수 있다. 개인 블로그를 통해서 긍정적 콘텐츠가 게시될 수도 있고 부정적 콘텐츠가 게시될 수도 있다.

인터넷 카페, 블로그, 소셜 미디어 채널은 언론사가 아니고 개인이 작성한 콘텐츠 채널이다. 그러다 보니 정확하지 않는 정보가 게시될 수 있는 가능성이 더욱 높다. 사실에 기반한 글이라고 할지라도 후보가 숨기고 싶어하는 정보가 게시되어 노출이 될 수도 있다. 허위사실의 게시글인 경우 포털 사이트 운영사에 삭제 요청을 하면 되지만 블로그나 소셜 채널 등에 빠르게 확산되는 경우가 많다.

페이스북과 트위터, 유튜브 등 해외에서 운영하는 소셜 채널의 경우 국내법과 다르게 처리되는 경우도 있어 삭제요청이 어려운 경우가 다반사다. 카페, 블로그, 소셜 채널 등의 검색 결과 모니터링은 정기적으로 진행해야 한다. 매일 모니터링해서 부정확한 게시글이 확산되지 않도록 해야 한다.

정정요청이 어려운 부정적인 글이 게시되고 확산되고 있는 경우에는 캠프의 긍정적인 글이 대응책이 될 수 있다. 캠프의 게시글이 검색 결과 앞으로 노출될 수 있도록 하기 위해서는 해당 글의 조회 수, 공감 수 등이 중요하다. 그렇기 때문에 평소의 꾸준한 콘텐츠 게시가 결과적으로 후보자에 대한 포털 검색 결과를 유리하게 하는 방법인 것이다.

페이스북에서 나를 알리는 선거운동 방법

☑ **좋아요:** 내 페이스북 뉴스피드에 올라온 친구들의 글에 호감을 표현해 주는 것. '좋아요'를 누르면 알림 기능이 있어 상대에게 누가 '좋아요'를 했는 지 알려준다. 내 페이스북 뉴스피드에 올라온 글에 대해 '좋아요'만 꾸준히 해주는 것만으로도 내 존재를 알리는 홍보 방법이 될 수 있다.

☑ **댓글 달기:** 내 글 혹은 친구의 글에 댓글을 달 수 있다. 친구가 올린 댓 글에는 '좋아요'로 호감 표시가 가능하다. 트위터의 멘션 기능처럼 '@친구 이 름'을 먼저 입력하고 글을 작성하면 해당 글이 친구에게 알려진다.

☑ **공유하기:** 페이스북 친구가 올린 글을 내 담벼락에 올리는 기능이다. 트위터의 리트윗처럼 그냥 공유할 수도 있고, 인용해서 내 의견을 첨언해 올 릴 수도 있다. 내 글을 많은 사람이 공유해주면 리트윗처럼 확산되어 영향 력을 가질 수 있다. 페이스북을 하는 지지자나 자원봉사자들에게 후보의 페 이스북 게시글을 공유하면 자신의 팔로워들에게 글이 노출되어 선거에 큰 도움이 된다.

☑ **사진 태그:** 페이스북에서 사진을 올릴 경우 해당 사진에 친구 이름의 태그를 넣을 수 있다. 친구가 포함된 사진에 태그를 넣으면 해당 친구에게 메시지가 전달된다. 여럿이 함께 찍은 사진을 올렸다면 태그를 통해 내 페이 스북 방문을 유도할 수 있다.

빅 데이터 시대의
데이터 관리 노하우

미국 오바마 대통령의 재선을 이끈 핵심부서는 데이터 분석팀이다. 재선 캠페인을 주도한 시카고 사단의 수장 짐 메시나는 재선거 2년 전부터 시카고에 캠프를 꾸리고 선거 준비를 했는데, 가장 먼저 구성한 것이 데이터 분석팀이었다. 오바마 캠프의 데이터 분석팀을 이끈 레이드 가니는 슈퍼마켓의 매출을 늘리기 위해 소비자 구매 패턴을 분석했던 인물이다. 그는 이른바 '빅 데이터$^{big\ data}$'를 선거에 도입해 과학적인 분석과 예측으로 오마바 대통령의 재선을 성공시켰다고 평가받고 있다.

이미 기업 마케팅 분야에서 폭넓게 활용되고 있는 빅 데이터란 과거에는 저장되지 않았거나 저장되었더라도 분석되지 못하고 폐기되었던 많은 양의 데이터를 의미한다. 오바마 캠프에서는 이런 데이터를 종합적으로 분석하여 활용 가능한 새로운 정보로 재탄생시킨 것이다.

오바마 대통령 재선에 공헌한 '마이크로 타깃팅' 전략

오바마 캠프의 데이터 분석팀은 2008년 당시의 자원봉사자 정보 파악부터 시작해 여론조사, 소셜 미디어 등의 데이터를 수집해서 메가 파일을 작성했고, 이를 토대로 유권자를 다양하게 분류해 특정 그룹에 어떤 방식으로 접근해야 하는지 세부적으로 전략을 수립했다고 한다. 시카고 사단을 이끈 메시나는 〈타임〉지와의 인터뷰에서 "우리는 선거운동의 일거수일투족을 수치화했다"라고 밝히며, 빅 데이터 혁명을 통한 선거의 새로운 패러다임을 확신했다고 전했다.

오바마 캠프의 빅 데이터를 활용한 전략의 기본 구조는 '마이크로 타깃팅micro targeting'이다. 이미 2008년 미국 대선에서 오바마 캠프는 마이크로 타깃팅을 선보였다. 전달할 메시지를 수신자의 개인 정보에 맞추어 개인화 또는 세분화하여 타깃팅해보내는 전략을 사용한 것이다. 히스패닉 등의 소외 계층에게는 의료 개혁 정책을, 30대 기혼 여성에게는 육아 및 교육 정책 홍보물을 보냈다. 언어 형식도 수신자의 정보에 따라 영어와 스페인어 등으로 세분화해 발송함으로써 수신자에게 필요하고 호감이 가는 정보를 정확히 보내는 데 성공했다는 평가를 받았다.

미국의 모 언론사가 2012년 선거 당시 오바마 캠프에서 보낸 이메일 2만여 통을 분석한 결과에 따르면 약 1,500여 가지로 메시지가 변

형되어 전송되었다고 한다. 오바마 캠프가 이메일 등의 메시지를 전송함에 있어서 마이크로 타깃팅에 어느 정도 심혈을 기울였는지 짐작할 수 있다.

2008년 선거가 끝나고 오바마 캠프는 당시의 선거 정보를 데이터로 만들고, 그 데이터를 기반으로 2012년 재선거에서 업그레이드된 마이크로 타깃팅을 구현했다. 1차로 저장했던 개인 정보를 트위터, 페이스북 등의 소셜 미디어와 연결해 더 구체적인 정보로 축적한 후 선거 캠페인에 활용했던 것이다. 즉 발전된 데이터 수집과 분석 기술력이 마이크로 타깃팅이라는 새로운 전략과 결합되어 선거 캠페인의 신기원을 만들어냈다.

유권자가 원하는 메시지를 보내야 성공한다

선거 준비를 하다 보면 상대 후보에 대한 정보를 파악하는 데 가장 많은 시간과 조직을 소모하게 된다. 그러다 보니 정작 표심을 결정하는 유권자에 대한 정보를 수집하는 일에는 소홀하기 쉽다. 오바마 캠프의 빅데이터 전략을 보며 배워야 할 점은 '좋은 정보'를 많이 얻어야 한다는 것이다. 여기서 좋은 정보란 지역구의 가구별 혹은 개인별 성향이나 관심을 파악할 수 있어 유권자에 맞춰 적절한 선거 전략과 메시지 전송에 활용할 수 있는 정보라야 한다.

이전까지 선거 캠페인에서는 유권자 정보를 수집할 때 개인의 성향을 구별하지 않고 단순히 얼마나 많은 데이터를 확보할 수 있는지 여부에만 관심을 쏟았다. 나를 지지하는 사람인지, 반대하는 사람인지, 어떤 정책에 관심이 있는지 보다 나를 얼마나 많은 사람에게 알릴 수 있는지가 중요하다고 보았기 때문이다.

오바마 캠프는 확보된 유권자 정보를 통해 메시지만 전송한 것이 아니다. 적극적 성향의 지지자들에게는 자원봉사를 유도하거나 거주 지역의 선거 캠프 책임자라는 역할을 주어 단계별로 참여할 수 있는 기회를 이끌어내기도 했다. 즉 온라인의 효과적인 동원력과 오프라인의 조직력을 결합하여 캠페인의 실질적 힘을 구현한 것이다.

체계적인 유권자 정보 수집과 관리를 위해서는 선거 준비 단계부터 꼼꼼히 진행되어야 한다. 이전 선거에서 보여준 지역별 투표 성향, 주요 현안, 투표소별 투표 참여와 지지 성향에 대한 분석이 필요하다. 지인들이 제공해주는 정보도 꼼꼼히 관리해야 한다. 유권자 데이터는 핸드폰 번호, 이메일 주소, 집 주소 이외에 주요 관심사, 연령, 직업, 추천인, 사회 활동, 만난 장소 등 추가 정보를 기입해 관리한다.

실시간 데이터 저장을 위해서 구글 드라이브 문서 양식을 활용하면 조직원들끼리 데이터를 공유할 수 있다. 이때는 해당 문서의 관리 체계와 공유 권한을 분명히 해야 혼선이 생기지 않는다. 선거운동이 시작되면 전화 홍보를 통해서 기존에 수집한 데이터를 수정하고 확인할 수 있다.

수많은 정보를 수집하고 분류하는 이유는 캠페인 메시지를 적절하게 발송하기 위해서이다. 이메일과 문자메시지 중 어떤 것을 선택할 것인지, 조세 정책과 육아 정책 중에서 어떤 메시지를 보낼 것인지를 결정하는 근거 자료로 활용할 수 있다. 그러나 지지층, 반대층, 유보층인지 여부도 파악하지 못한 유권자 데이터를 가지고 홍보물을 발송하면 역효과가 날 뿐만 아니라 불필요한 선거 비용을 발생시키는 원인이 되기도 한다.

데이터 분석을 통해 전략 계층을 선별하여 그룹별로 효과적인 메시지를 세분화해서 발송하는 기획도 별도로 준비해야 한다. 전체적인 선거 공약의 마스터 플랜이 완성되었다면, 해당 플랜을 토대로 전송 대상자 그룹에 맞추어 메시지를 구성해야 한다. 거주 지역과 성별, 연령, 지지 여부만으로도 다양한 메시지 포맷을 구성할 수 있다.

step

27

온라인 커뮤니케이션 대응에도
전략이 필요하다

인터넷을 통한 쌍방향 소통이 더욱 강조되는 소셜 미디어 시대에는 자 칫 작은 실수 하나가 인터넷 공간에 지울 수 없는 루머와 혼란을 만들 수도 있다. 그렇기 때문에 온라인 소통의 원칙을 분명히 세우고 대응 할 필요가 있다.

선거를 앞두고 본격적인 소셜 미디어와 블로그 등을 운영할 때는 특히 세 가지를 주의해야 한다. 첫째, 블로그나 트위터, 페이스북 등 온 라인 상에서 자신과 관련된 글을 발견하거나 자신의 글에 대한 상대방 의 대응 또는 댓글 등이 발견되었을 때는 적절한 조치를 취해야 한다. 먼저 해당 메시지가 긍정적인가 부정적인가 여부를 판단하고 그에 따

온라인 커뮤니케이션의 원칙

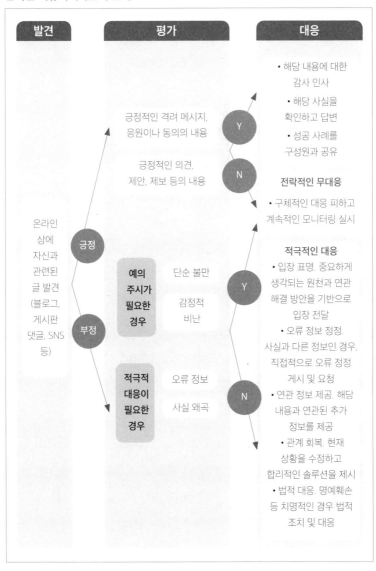

라 대응의 긍정적인 메시지에는 상대적으로 소홀하게 대응하는 경우가 많은데, 긍정적인 메시지일수록 더욱 적극적으로 대응해 해당 글의 작성자를 적극적인 지지자로 만들어야 한다. 인터넷에서 100명의 안티팬을 만드는 것은 쉽지만 1명의 열성팬을 만들기는 어렵다.

온라인 커뮤니케이션의 성공 여부를 좌우하는 두 번째 원칙은 꾸준한 콘텐츠 업데이트와 성실한 답변이다. 자신의 콘텐츠만 홍보하고 사람들의 질문에는 충실하게 답변하지 않는다면 오랜 관계를 지속할 수 없다 는 것을 잊어서는 안 된다.

세 번째, 투명해야 한다. 온라인 공간에서 유명 연예인들을 대상으로 한 이른바 '신상 털기'가 유행하고 있다. 유명인들이 성형 수술 사실과 학력 등에 대해 거짓말을 했을 경우 네티즌들은 인터넷 포털 사이트의 검색 기능을 통해 사실 여부를 바로 확인한다. 이때 해당 인물이 거짓말을 했다는 것이 발각되면 타격이 더 커진다. 이런 점에서 선거를 앞둔 정치인들은 선거 이전부터 온라인 활동에 더욱 신중하고 투명해야 한다.

자칫 온라인에 거짓 경력과 허위 사실을 올린 것을 뒤늦게 알고 삭제하려고 했으나 완벽하게 삭제되지 않는 경우도 많다. 소셜 미디어는 서로 정보를 공유하고 있어 자신의 계정의 글 리스트에서 삭제한다고 하더라도 다른 사람 계정의 글 리스트에 남아 있을 가능성이 높기 때문이다. 그러므로 평소 사실로 확인된 정확한 글을 남기는 것이 중요하다.

혹시 실수로 잘못된 정보를 게재했다면 실수를 인정하고 가능하면 빨리 수정해 해당 정보에 대한 논란이 커지지 않도록 주의해야 한다. 소셜 미디어는 쉽고 빠르게 전파되기 때문에 그 파급력이 매우 크다는 장점이 있으나 반대로 잘못된 정보가 노출되었을 경우에는 걷잡을 수 없는 혼란을 만들 수 있다는 점도 함께 명심해야 한다.

interview 04

유권자의 요구와 눈높이에 맞는
새로운 공약과 비전으로
위기를 돌파하다

김광철(경기도 연천군수)

Q1 경선 준비는 어떻게 했나?

오랜 시간 당에서 활동하며, 직·간접적으로 선거를 치러 봤다. 지금의 정당 경선
과정은 여야를 막론하고 표준화되어 가고 있다. 그런데 현재의 표준화된 경선
제도에서는 현직에 있는 후보들이 유리할 수밖에 없는 구조이다. 그렇기 때문에
경선 선거기간에 선거유세를 한다고 큰 판이 변하지 않는다.

선거에서 하면서 가장 중요한 것은 목표를 어디에 두느냐와 후보의 진정성이다. 선거기간에 아무리 많은 유권자를 만나봐야 전체 유권자의 3~5%일 것이다. 그렇기 때문에 정치인이라면 평소에 만나는 사람에게 본인의 가치와 비전을 공유하는 것이 중요하다.

Q2 도시의 선거와 다른 연천의 선거 특성은 무엇인가?

도시와 농촌의 경우 선거 유세 방법이 다를 수밖에 없다. 이 지역에서 태어나고 학창시절을 보냈고, 25년간 기초, 광역의원을 지내면서 지역을 떠나지 않았다. 60년이 넘는 세월을 연천군에만 있었지만, 연천군 유권자 약 39,000명 중 25% 밖에 알지 못한다. 그렇기 때문에 도농복합지역은 평소관계가 가장 중요하다.

도시 선거유세와 달리 농촌지역은 선거유세가 아주 어렵다. 유세라는 것이 발언자와 군중의 상호작용이지만, 농촌의 경우 도시처럼 번화가 많지 않아 낮 시간대에 거리를 다니는 사람들이 많지 않다. 매일 읍내에서만 선거유세를 할 수 없다. 때로는 한 사람이 있어도 유세를 하기도 한다. 최근엔 우리 지역에서도 유세차 소음문제가 제기되고 있다. 한 장소에서 오랜 시간 선거유세를 하면 민원이 들어오기 마련이다. 그렇기 때문에 짧은 시간 본인을 알리고 논리적인 주장을 펼치는 것이 필요하다.

Q3 야당 후보로서 어려웠던 선거 국면을 돌파한 비결은?

공천이 확정되고 첫 여론조사에서 여당 후보와 20% 이상 차이로 앞서 나갔다. 연천군의 경우 중앙정치 이슈에 있어서는 무풍지대라고 생각했다. 하지만 투표 13일을 남겨 두고는 크게 쫓아오는 것이 느껴졌다. 결국 선거종료 5일을 남겨두고 결단을 내렸다. 선거운동원을 배제시키고 나홀로 선거운동을 하게 되었다.

누가 보든 보지 않든 나홀로 유세를 했다. 결국 지난 선거는 인물에 대한 선택이었다고 생각한다. 유권자들이 후보의 자질을 보고 판단하지 않았나 생각한다.

Q4 공약은 어떤 부분을 중심으로 설정하였나?

정당과 중앙정치 이슈만을 보고 투표하던 과거의 구태의연한 투표형태에서 벗어났다. 유권자들도 정치에 관심이 많아졌기 때문에 공약을 더욱 치밀하게 준비하였다. 연천군은 수도권(서울, 경기, 인천) 60개 시군구 중 유일한 허브 공간이자, 3개 사단이 주둔하는 군사적 요충지이다.

접경지라는 지역의 이슈가 분명하였기 때문에 '연천군의 도약'을 메인 테마로 잡고 공약을 만들었다. 그런 의미에서 남북 경제협력이라는 부분은 여야를 떠나 연천의 발전을 위해서 필연적이다. 그 외에도 BIX 산업단지(물류, 서비스, 지원, 행복주택을 복합적으로 조성된 산업단지)를 비롯하여 기업유치 공약을 집중했다. 파주시, 포천시 등 인근 도시와 차별화된 연천군의 비교우위를 살릴 수 있는 공약이 주요했다고 생각한다.

interview 05

탁 트인 영등포,
더 나은 미래를 위해 준비된
젊은 후보를 어필했다

채현일(서울시 영등포구청장)

Q1 출마 준비는 어떻게 시작했나?

청와대 근무를 마치고 나서 본격적으로 4~5개월 선거 준비를 했다. 서울의 3대 도심 영등포구는 구도심으로서 변화와 발전의 새바람이 절실했는데 그러한 구민의 염원을 압축적으로 녹아낸 '탁 트인 영등포'라는 선거 슬로건을 과감하게 내걸었다. 영등포역 앞 불법노점 정비를 비롯하여 청소, 주차, 보행환경 등 구민의 피부에 와닿는 민생행정을 반드시 해결해내겠다는 비전과 가치, 구체적 정책들을 하나하나 설명 드렸다. 국회, 서울시, 청와대 등에서 의정, 시정, 국정을 다양하게 경험한 준비된 후보이자 40대 젊은 일꾼으로서 어필한 것도 큰 호응을 얻었던 것 같다.

Q2 보좌진으로서의 선거 경험이 출마자가 되어 어떤 도움이 되었나?

국회와 서울시, 청와대의 다양한 경험이 선거과정에서 많은 도움이 되었다. 특히 참모로서 다양한 선거경험과 여의도 정치에 대한 폭넓은 이해가 있었기에 제가 직접 출마한 첫 선거에서 성공적 캠페인을 펼칠 수 있었다. 선거 때 사소한 실수는 용납되지 않았기에 선거법상 애매한 부분은 꼭 선관위에 질의하도록 했다. 결국 참모로서 크고 작은 선거를 치렀던 경험이 내 선거의 시행착오를 줄일 수 있는 노하우였다.

Q3 SNS 소통 방법이 독특하다

참모가 아닌 내 선거를 준비하면서 SNS를 본격적으로 시작했다. 나의 모든 일정, 정책, 비전을 있는 그대로 구민들과 매일 진정성 있게 소통했다. SNS는 구민과의 소통창구다. 내 생각을 얘기하고 구민들의 생각을 듣는다. 구청장이 된 이후에도 거의 매일 빠지지 않고 SNS에 글을 게시하고 댓글에 대해서는 꼭 답변을 드린다.

Q4 정치 신인에게 한마디 조언을 해준다면

정치인으로서 성공하는 과정은 각자 다르다. 정답은 없다. 살아온 인생이 다르듯 선배 정치인의 성공적 단면들을 그대로 받아들이는 우를 범해서는 안 된다. 본보기로 참조하되 본인의 경험과 정체성, 개성을 극대화하는 '자신감'과 '현실감각'이 중요하다. 선거는 자기 자신의 참모습, 강점을 발굴하고 차별화하여 유권자들에게 어필하는 과정이다.

그리고 선거는 가까운 사람에서부터 시작된다. 가족과 지인들의 지지 없이는 선거는 치를 수 없다. 평상시에 가까운 주변을 돌아보며 본인의 인간관계를 되새겨볼 필요가 있다. 정치의 첫발을 내딛는 여러분들의 당당한 도전이 꼭 성공하기를 진심으로 바란다.

2022년 지방선거를 위한

당선 노하우

강득구, 양승오 지음
ⓒ 강득구, 양승오, 2021

초판1쇄 인쇄일 2021년 11월 24일
초판1쇄 발행일 2021년 12월 1일

ISBN 979-11-5706-247-8 (03340)

만든 사람들

책임편집	배소라
편집도움	이병렬
본문디자인	이미경
표지디자인	이혜진
홍보마케팅	김성현 최재희 김규리 맹준혁
인쇄	한영문화사

펴낸이	김현종
펴낸곳	㈜메디치미디어
경영지원	전선정 김유라
등록일	2008년 8월 20일 제300-2008-76호
주소	서울시 중구 중림로7길 4, 3층
전화	02-735-3308
팩스	02-735-3309
이메일	medici@medicimedia.co.kr
페이스북	facebook.com/medicimedia
인스타그램	@medicimedia
홈페이지	www.medicimedia.co.kr